Libby DeLana

Camina

Recorre el mundo, el cuerpo y la mente.
Paso a paso.

Un libro inspirador que transmite de manera contundente una sencilla verdad: poner un pie delante del otro es un acto de transformación. DeLana escribe sobre el amor, la pérdida, el trabajo, la creatividad y los misterios del ser humano con el corazón, la inteligencia y el ingenio. *Caminar* es un libro sabio y conmovedor acerca del largo sendero de una mujer hacia la iluminación, que además nos cuenta una historia sobre nosotros mismos.

—

Cheryl Strayed

Para William y Orren.
Sois maravillosos.

© Ediciones Koan, S.L., 2022
c/ Mar Tirrena, 5, 08912 Badalona
www.koanlibros.com • info@koanlibros.com

Título original: *Do Walk*
© The Do Book Company 2021
Works in Progress Publishing Ltd

Texto y fotografía © Libby DeLana 2021
Traducción © Jacinto Pariente 2022
Fotografía p. 4 © Michael Piazza
Fotografía p. 28 © Dom Francis Pellegrino
Fotografía p. 109 © Chris Dempsey

ISBN: 978-84-18223-74-7 • Depósito legal: B-8384-2023
Diseño de cubierta: James Victore
Diseño del libro: Ratiotype
El diseño del papel pintado está basado en el mapa de contorno
de Newburyport, Massachusetts
Maquetación: Cuqui Puig
Impresión y encuadernación: Liberdúplex
Impreso en España / *Printed in Spain*

1ª edición, mayo de 2023

Contenido

Caminar siempre es descubrir.
Cuando vamos a pie nos
tomamos el tiempo
de ver las cosas en su totalidad.

—

Hal Borland

Caminamos por todo tipo de razones: para hacer la compra, para ir al centro, para acercarnos a casa de alguien, para pasear al perro, para aclararnos las ideas o como fuente de inspiración. Todas tienen sentido.

Mi caminata de la mañana (en este libro llamo «caminata de la mañana» a la costumbre de dar una caminata diaria) puede ser eso y mucho más. Se ha convertido en un ejercicio de meditación y por eso es un poco diferente a dar un sencillo «paseo». Al igual que la meditación sedente, es un ejercicio que refleja la realidad de la vida, los detalles cotidianos siempre cambiantes y en movimiento. La caminata de la mañana comprende la conexión, la observación, el movimiento y el cambio constante. Con el tiempo ha llegado a ser el paradigma de una manera armónica de habitar el mundo en consonancia con su funcionamiento natural.

Por lo general, el caminar se interpreta de forma más bien limitada, sin embargo, es un hábito que muy bien puede cambiarnos la vida. Para que lo sea necesitamos tener clara la intención, despreocuparnos del punto de destino, concentrarnos en el momento y comprometernos con la práctica. Mi caminata de la mañana no tiene por qué parecerse a las de los demás, y eso es algo ya maravilloso de por sí. Podemos llevarla a cabo en un barrio de la ciudad o en un pueblo. Puede incluir ruedas o un compañero peludo, o ninguna de las dos cosas. Vayamos donde vayamos y como vayamos, lo importante es estar ahí, comprometidos con la práctica, abiertos al momento, aceptando el perpetuo cambio de las circunstancias.

Compartan conmigo una caminata de la mañana.

Prólogo

Son las 5.02 a. m. de un martes de septiembre de 2020. La brisa fresca comienza a sustituir al lento, húmedo y pesado aire de verano. Hay mucha menos luz que hace una semana a estas horas. Debo admitir que siento una maravillosa impaciencia por el otoño que se acerca y también un punto de intimidación, pues el frío del crudo invierno de Nueva Inglaterra está solo a semanas de distancia. El cambio de las estaciones confiere al mundo un sabor esperanzado, familiar y prometedor. Las estaciones son un recordatorio vivo de que el cambio es el estado natural de las cosas. Estas inevitables variaciones traen aparejada una hermosa sensación de novedad y fugacidad. Caminar en las distintas estaciones del año me ha brindado toda una serie de gloriosas e inolvidables enseñanzas vitales. Una enseñanza dinámica de transformación, de recibir con los brazos abiertos todo lo que contiene cada momento único.

Por las mañanas, cuando me pongo los zapatos y me dirijo a la puerta, siento la forma en que caminar todos los santos días ha transformado mi vida de manera fundamental. Por un lado, están los cambios evidentes en el plano físico, el apetito, el sueño y la actitud. Pero quizá la verdadera magia esté más bien en los cambios sutiles; el sentido del tiempo y el concepto de distancia se han modificado para siempre.

Paso a paso, llevo recorridos ya más de cuarenta mil kilómetros, es decir, una vuelta al mundo. He tardado nueve años. Ya no pienso en esto como «un paseo matinal». Ahora lo llamo «caminata de la mañana», y es el ritual sagrado con el que doy comienzo al día. Sin embargo, no siempre ha sido así.

Cuando me comprometí por primera vez a hacer una caminata diaria me fue necesario superar el ego atlético. Durante gran parte de mi vida me definí como atleta. En el instituto practicaba hockey sobre hierba, baloncesto y *lacrosse*, y en el último curso llegué a ser capitana de los tres equipos. En la universidad practiqué remo durante cuatro años e incluso competí en el campeonato nacional. Durante mucho tiempo mi autoestima dependió de mi habilidad para los deportes. Por eso me costó un par de años acostumbrarme a una actividad tan sencilla como caminar. Al final comprendí que la caminata de la mañana no era una actividad atlética.

Ahora me doy cuenta de que ha sido una especie de peregrinación llena de serendipia. Un sorprendente viaje, una aventura cotidiana; frío, calor, sol, lluvia, tedio, emoción, gozo, incomodidad, creatividad, innovación y amor. Cuando empecé no era consciente del profundo efecto que caminar tendría en mi vida. De hecho, lo consideraba un gesto sencillo, pasar unos minutos al día caminando al aire libre. Después de nueve años, la caminata de la mañana se ha convertido en un hábito esencial que tiene algo de devoción religiosa y quizá incluso de oración.

Lo importante no son los kilómetros ni la velocidad; de hecho, soy consciente de que muchas personas han hecho más de cuarenta mil kilómetros en bici, corriendo, patinando o caminando en menos tiempo o quizá durante más años que yo. Sin duda, un corredor avezado habrá recorrido esos kilómetros en su vida. Tengo amigos a los que considero «caminantes originales»; sé que varios de ellos llevan ya varias décadas practicando las caminatas de la mañana, de modo que lo más probable es que hayan recorrido ya la distancia entre la Tierra y la Luna ida y vuelta. Sin embargo, la caminata de la mañana no tiene que ver con la distancia ni el tiempo, por mucho que ambas dimensiones sirvan como una especie de hitos. Es más bien cuestión de fidelidad y entusiasmo. Caminar se ha convertido en una costumbre que me ha salvado. Ha salvado mi alma. Ha salvado mi forma de ser. Me ha recordado quién soy en esencia.

Este libro no trata sobre el caminar como acto de redención, sino sobre la lenta y natural toma de conciencia del enorme gozo que genera un cambio y un compromiso vital sencillo. La caminata de la mañana es un microhábito diario que tiene el potencial de ejercer un macroimpacto que dura toda la vida. Es una actividad amable y lenta en la que lo que cuenta es el ritmo, es decir, el paso, no la velocidad. En un paso no hay cabida para la prisa ni la urgencia. No es una tarea que se deba llevar a cabo para pasar al próximo apartado de una lista. Por el contrario, es una oportunidad de acompasarse con la naturaleza. Yo había perdido el contacto con ella. Mi vida se había convertido en una serie de listas de cosas que hacer contra reloj para comenzar la siguiente.

Al observar la naturaleza me doy cuenta de que los fenómenos que se mueven de manera apresurada y urgente son a menudo destructivos; ciclones, terremotos, huracanes, incendios. Mi vida iba a toda velocidad. Mi energía se había descontrolado. Caminar era tanto recuperar un paso natural en el que reconocerme a mí misma, como una manera de abrirme de verdad, de visualizar qué me deparaba cada día. La Madre Naturaleza avanza a su propio paso y el siglo XXI tiene una energía y un ritmo que yo percibía desacompasado. El ritmo «normal» de la sociedad me obligaba a olvidar que formo parte de la naturaleza y que es necesario reducir la velocidad para saber, escuchar y comprender de verdad mis necesidades.

La caminata de la mañana es ya una forma de vida. Es un hábito esencial, sutil, sumatorio, espiritual, físico, creativo, sanador y sosegado que requiere disciplina, compromiso y una buena dosis de optimismo salvaje si deseamos que ejerza su profundo impacto. Caminar nos hace humanos.

Salir a caminar es quizá la actividad más primordial del día. Mi querido amigo Eric siempre respondía «bien, recorriendo el planeta», cuando le preguntaban cómo estaba. Para mí recorrer el planeta ha sido una manera de tocar tierra, de centrarme, de encontrar mi propio latido y encontrárselo a un paraje, a una carretera, a un sendero, a una vereda, a una acera, a un campo... Este libro es una forma de dar las gracias a la caminata de la mañana.

Camina como si besaras
la Tierra con los pies.

Thich Nhat Hanh

Introducción

¿Qué es una caminata de la mañana? ¿Por qué importa? ¿Por qué la mañana en lugar de dar un relajante paseo al terminar el día? Pues bien, el caso es que el acto de mayor generosidad que podemos realizar para con nosotros mismos es regalarnos tiempo para centrarnos en el propio bienestar tan pronto como despertemos (en la mayoría de los casos esto suele ser por la mañana). Un ritual matutino tiene algo que genera una especie de placidez, de certeza, de esperanza, de contento.

Nos invita a concentrarnos en la sensación de apoyar un pie en el suelo mientras despertamos, es una manera de cultivar el equilibrio y la energía conscientes. La caminata de la mañana es una forma de meditación dinámica cotidiana igual que el yoga o el qigong. Exige frenar el pensamiento. Paso a paso. Respiración a respiración. Con cariño. Con atención. Sin planearlo. Sin objetivos. Es una forma de comenzar el día concentrándonos en el momento presente. Para mí es un gesto de «bienvenida al ahora mismo». El gran médico griego Hipócrates (c. 460-370 a. de C.) dijo que caminar es la mejor medicina. No tengo más remedio que estar de acuerdo.

Los seres humanos necesitan movimiento. Estamos diseñados para ello. A menudo la vida del siglo XXI está repleta de períodos sedentarios en interiores, en coches, inmóviles. Caminar estimula tanto el cuerpo como la mente. La creatividad, la innovación, la concentración o el asombro son tan solo algunos compañeros de caminata.

¿Por qué la mañana en particular? Para empezar el día con el pie derecho. Una vez que nos concedemos ese tiempo, se produce una cierta satisfacción íntima, una especie de plenitud personal al empezar el día concentrándonos en nuestro bienestar. Existen pruebas científicas que demuestran que las personas que madrugan tienden a ser más proactivas y felices. Como señala Laura Garnett en un artículo de 2020 en la revista *Inc*, «el aumento de la productividad no es el único beneficio de levantarse temprano; también serás más feliz. De acuerdo con un estudio de la Universidad de Toronto, los madrugadores registran mayores niveles de felicidad». La caminata de la mañana me lo ha demostrado con creces.

Por mucho que algunas caminatas hayan sido desagradables, jamás he lamentado salir a caminar. A veces no me ha ido bien por circunstancias atmosféricas, otras por mi propio estado anímico, otras por sucesos del día anterior y otras por recordar cosas que he dicho sin querer. Las cuestiones espinosas o problemáticas tienen su dinámica. He descubierto que la mejor manera de gestionar o capear esas emociones es ponerlas en movimiento. El movimiento evita que los momentos tormentosos se nos peguen al cuerpo.

A veces una caminata puede ser ardua. Esta mañana, sin ir más lejos, soplaba un viento huracanado, llovía con intensidad y la temperatura era de 6 ºC. Además, no llevaba la ropa adecuada. A los veinte minutos estaba calada hasta los huesos, tanto que he tenido que escurrir los mitones cada cuarto de hora porque estaban empapados. Aunque es innegable que ciertos aspectos de la caminata de esta mañana me han resultado de lo más incómodos, me acompañaban dos amigas a las que la situación les ha parecido maravillosa y divertida. No hemos pasado demasiado frío y sabíamos que en cuestión de una hora estaríamos de vuelta en casa con una taza de té caliente y ropa seca. Lección vital aprendida: las tareas difíciles son, por un lado, posibles de lograr, por otro, pasajeras.

Con esto no quiero decir que emprender la caminata de la mañana sin la ropa, las precauciones, la alimentación y las medidas de seguridad adecuadas sea una forma viable de «aprendizaje». La seguridad es lo primero. Debemos asegurarnos de que alguien —una amiga, un familiar, un vecino, compañero de piso o de trabajo—, sepa a dónde iremos. Yo llevo en el bolsillo del abrigo una tarjeta plastificada con contactos de emergencia y siempre compruebo que están actualizados en el teléfono. Es fundamental llevar la ropa y el calzado adecuados, así como un gorro, ropa de abrigo, agua, algo de comer, crema solar, una linterna, material reflectante, etcétera (hay una lista pormenorizada en el capítulo 2). Y por último, conviene llevar algún tipo de dispositivo de emergencia. Yo llevo el móvil y ahora también un silbato. Existen aparatos pequeños y útiles que caben en un bolsillo y que tienen una luz intermitente y una alarma. Por suerte, nunca he tenido que usarlos.

Hasta aquí las instrucciones de seguridad. ¿Listos para la aventura?

1
La caminata
de esta
mañana

*¡Qué gloriosa mañana! Fría, radiante, llena de esperanza, me siento agradecida. Si he adquirido esta costumbre es porque deseaba recuperar una comprensión más amplia de **la motivación** y la claridad, basada en la intimidad fundamental con la tierra. Esta mañana he visto el amanecer, un coyote, varios arrendajos, un águila y el comienzo de mis cincuenta y cuatro años de vida. He descubierto que adquirir un compromiso y cumplirlo se parece mucho a amar. Estos últimos cinco años no han sido fáciles, pero aun así no he fallado ni un día. Algunas caminatas parecían imposibles. Sin embargo, todas han sido un regalo. Una oportunidad de añadir energía, concentración y espacio a la jornada. Espacio para albergar pensamientos osados, para escuchar a la intuición esencial, para tener ideas tontas, para atender a las reacciones viscerales, para jugar con conceptos desordenados, para sentirme agradecida y para celebrar una vuelta más alrededor del sol. Me deseo a mí misma un feliz cumpleaños.*

No tenía ni idea del efecto que una sencilla y suave caminata ejercería en mi vida. Este efecto no procede solo del acto físico de caminar, sino también de la disciplina, el hábito y el compromiso. La caminata de la mañana me ha despertado la curiosidad, ha colmado mi insaciable sed de vagabundeo y ha sido la fuente de inspiración más poderosa de mi vida.

La mayoría de los días recorro más o menos la misma ruta. Salgo de casa a las 5 a. m., 13 km, 17.740 pasos. Camino por delante del mismo granero. Por el mismo camino. Junto al mismo río. Con el mismo viento en contra en la última curva. Esta repetición consciente es una forma de meditación a través de la familiaridad intencional. He recorrido esta ruta tantas veces que podría hacerlo con los ojos vendados. Hay días que cierro los ojos en la recta final y camino 10, 20, 30, 40 pasos. Es algo que genera un potente silencio. En ese silencio oigo lo que el cuerpo (las tripas, el corazón) me dice en ese preciso instante. Lo mecánico de la ruta llena de conciencia el momento.

Parecerá obvio, pero mi intención inicial era muy sencilla: estar al aire libre y ser consciente. Cada día. Crear un espacio. Hallar tiempo para la creatividad. Dedicar una hora diaria a algo que me alimentara y me satisficiera. A medida que los días consistían más y más en listas de tareas inaplazables, la necesidad de salir al aire libre, moverme y jugar se me hacía cada vez más imperiosa.

Esta historia no trata de kilómetros ni de distancias. De hecho, trata de lo contrario. Es una historia sobre la escucha, la vista, el oído, el sentimiento y la comprensión. También es una historia de autocuidado radical. Cuando empecé no habría sabido expresarlo con estas palabras, pero con el paso del tiempo el resultado más profundo de esta práctica diaria ha sido el propio hábito de hacer algo que me alimente de forma emocional y física cada día.

Redefinir el éxito

Tengo la sensación de que antes de la pandemia de COVID de 2020-2021 el éxito se definía como estar ocupados. El culto a la ocupación era apabullante. La caminata de la mañana se convirtió en un acto de rebeldía contra la norma cultural impuesta. El éxito se convirtió en salir a caminar a -28 ºC, con lluvias torrenciales, cuando «no tenía tiempo» o, de manera más clara, cuando no tenía ganas. El éxito era salir porque me lo había prometido a mí misma, no porque alguien lo supiera o le importara. Era una empresa por completo egoísta. Me di la oportunidad de redefinir el éxito con absoluta simplicidad: haber caminado todos los días; y de descubrir que no había caminata que no me hiciera sentir mejor. ¿Qué significa «sentirse mejor»? Lo significa todo. Resulta que la perseverancia, la concentración y la determinación amplían nuestros límites y fronteras. Ello implica un profundo sentimiento de libertad y amor. El compromiso resulta intoxicante. No hay nada más generoso que ser fieles a un compromiso con nosotros mismos.

> Solo salí a caminar y finalmente decidí permanecer fuera hasta la puesta de sol, porque salir, descubrí entonces, era realmente entrar.

John Muir

Me atrevería incluso a afirmar que ese es el motivo por el que caminan los peregrinos, los manifestantes, los monjes, los caminantes, los vagabundos, los activistas y los exploradores. Hay libertad en el caminar. Vaciamos la mente de ruido e información innecesaria y penetramos en un lugar de intensa sensación de poder y concentración. Esa ha sido mi experiencia de la caminata de la mañana. Una experiencia de silencio y celebración. De libertad y amor. Un silencioso e íntimo reconocimiento diario de mi fuerza, mi compromiso y mi resiliencia. Por eso me siento tan bien después de caminar. Es un triunfo personal.

Es bien sabido que una buena caminata tiene muchos otros efectos beneficiosos para la salud, por ejemplo:

— Mejora la circulación.
— Fortalece los huesos.
— Mejora el sueño.
— Aumenta la energía para la jornada.
— Ayuda a controlar el peso/quemar calorías.
— Fortalece el corazón.
— Estimula el sistema inmune.
— Contribuye a disminuir el nivel de azúcar en la sangre.
— Mejora las articulaciones.
— Reduce el riesgo de contraer alzhéimer.

Una mañana, a fines del otoño de 2011, no conseguía salir de la cama. Había pasado mala noche. No me apetecía moverme. Llevaba mucho tiempo sin mi caminata de la mañana, pero era consciente de que era la apuesta más segura. En la caminata de la mañana siempre sucede algo que mejora la jornada que nos espera. Ese día aprendí que cuando no quiero salir es cuando más «necesito» salir.

La mañana anterior me había parecido ver dos coyotes al final de la calle. Entonces, impulsada por la curiosidad, y no por el compromiso o el gozo, bajé las escaleras, cogí mis cosas y salí a la calle. Serían casi las 5 de la mañana, estaba oscuro como boca de lobo, en el cielo brillaba una rodaja de luna detrás de una capa de nubes que me hacía sentir que no había luz en todo el planeta. No encendí la linterna hasta llegar al final de la calle, porque penetrar de manera suave, suavísima, en el silencio de una caminata es un momento muy especial. La quietud de la oscuridad me envolvía. Es muy interesante; a estas horas circula por las calles una tribu silenciosa y decidida. Divisé al habitual corredor al principio de la calle. Nos reconocemos, pero no sabemos nada los unos de los otros. Cuando nos cruzamos, nos saludamos con la mano o con un gesto de la cabeza. Es una especie de apretón de manos secreto.

Más tarde, después de cruzarme con el pelotón de la mañana, vi la rauda sombra de un animal mayor que un perro... Era el coyote. La discreción con que este animal habita el planeta es fascinante. Me obligó a detenerme. Los humanos somos ruidosos, dominantes, obvios. Habitamos nuestro ecosistema de forma ostentosa y manifiesta. El coyote, por el contrario, vive integrado en la intimidad de su propio mundo. Fuerte y callado, discreto en su movimiento e impacto. Había algo que aprender de aquel visitante matinal. La caminata de la mañana me presenta a muchos maestros. Aquella mañana me alegré de haberme dejado llevar por la curiosidad.

Cada caminata es una especie
de cruzada.
—

Henry David Thoreau

2
**Todos
los santos
días**

Cuando salgo por la puerta tengo la sensación de que el sol ha salido hace horas. Son las 5 a. m. y el día ya está húmedo y caluroso. La humedad lo ralentiza todo. Mis pasos no tienen vigor. El día pesa y la lentitud y la quietud producen ensimismamiento. Siento como si todo se desplegara y floreciera ante mis ojos. Las rosas, las margaritas, los helechos, los cornejos y la lavanda están apenas a unos días de su apogeo. Caminar más despacio, a propósito, me permite percibirlo. Otro motivo por el que no se me escapa este despliegue y florecimiento es que paso por aquí todos los días. Puedo compararlo con ayer, con la semana pasada. La semana pasada a estas horas las rosas estaban aún encerradas en su capullo; hoy no solo veo sus pétalos teñidos de rosa y salpicados de polvo de oro, sino que también aspiro su fragancia cítrica, fresca y deliciosa. He aquí la belleza de hacer algo a diario: nos permite ver con nitidez y conocer en profundidad nuestro mundo y relacionarnos de manera más íntima con él.

Los pequeños rituales nos permiten comenzar el día de manera gozosa y simultáneamente nos aportan un potente sosiego. Una caminata, una taza de té, trabajar la respiración, hacer la cama, leer el periódico. Yo sabía que un ritual diario tenía el potencial de activar mi mente, de limpiar la basura de mi cabeza, que era una dosis diaria de belleza y plenitud física, una fuente constante de humildad y un generoso manantial de contento y certidumbre. Sin embargo, no me di cuenta de lo esencial que era hasta que llevaba años de práctica.

Al haber crecido haciendo deporte, era consciente del poder de la práctica diaria, del ritual del esfuerzo colectivo para lograr una meta común y de la dedicación a la actividad. En el instituto me pasaba el día en la cancha o en el terreno de juego. Me encantaba la repetición, lo físico, la competitividad, la comunidad, el equipo, la dopamina. Eran los años ochenta, y por entonces la sociedad no aceptaba a las chicas musculosas, competitivas y con un inquebrantable compromiso con el entrenamiento diario. En mi instituto, las chicas nos poníamos la ropa de deporte en el baño de mujeres, en el que no cabíamos todas. No teníamos vestuario como los chicos, pero nos daba igual. Incluso diría que en cierto modo nos hizo más fuertes. En aquellos años aprendí la importancia fundamental de la práctica física cotidiana como parte de una comunidad. También aprendí que perseverar en la valentía necesaria para dedicarme a aquello que la sociedad insiste en que no podemos o debemos hacer produce una satisfacción tremenda. Estas lecciones de la adolescencia, quizá no del todo conscientes, son la base de mi hábito diario de caminar, de caminar todos los santos días con fidelidad a la práctica y compromiso con el aprendizaje.

La caminata de la mañana es esencial por varios motivos; me ayuda a empezar bien el día, a tomar impulso y estructurar la jornada. Me ayuda a reconocer el poder que hay en dar prioridad a ciertas cosas, a no olvidar que el éxito viene paso a paso y a hacer las cosas bien. En el instituto, el entrenamiento diario era formativo en mi modo de vivir el día. Cada día contaba con una determinada cantidad de energía, mi banco de energía. Tenía que prestar atención a cómo gastaba aquella divisa, a qué me iba a dedicar, qué me proporcionaba más energía durante la jornada. Descubrí que después de los entrenamientos tenía *más* energía, estaba *más* concentrada y tenía *más* impulso. Hacer algo que nos encanta, aunque sea una actividad física, no consume energía sino que la genera.

Aquí tienes unos consejos para diseñar la caminata diaria.

1 — Motivación

Pregúntate por qué integrar esta actividad en tu vida. ¿Autocuidado? ¿Ejercicio? ¿Un intervalo de tiempo para reponer fuerzas? Es posible que durante los días difíciles tengas que recordártelo.

2 — Metas asequibles

Comienza con tiempos y distancias asequibles. Pregúntate: ¿Cuánto tiempo puedo dedicar este mes? ¿Puedo sacar 15, 20, 30 minutos al día? Esto te permitirá diseñar la ruta. Un paseo por el barrio es un comienzo maravilloso. Empieza despacio; da los primeros pasos. Repítelo cinco días. Repítelo nuevamente.

3 — Compromiso de un mes

Para que algo se vuelva esencial, se convierta en hábito, hacen falta entre tres y cuatro semanas.

4 — Caminar, no juzgar

Pruébalo. Fíjate qué tal te sientes. Yo me comprometí a caminar todos los santos días desde el principio porque para mí era útil no tener escapatoria: el frío, la lluvia, el cansancio... Quizá este método no le funcione a todo el mundo. No pasa nada. El ritmo es lo de menos, la distancia no importa. Lo único que cuenta es caminar.

5 — Preparación a conciencia

Establece una hora fija para levantarte. Prepara lo necesario la noche anterior. Piensa qué puede hacer que no te levantes a caminar. ¿Hay algún obstáculo (los dedos fríos, por ejemplo)? Yo lo solucioné con calientapiés y dos calcetines.

6 — Rutina

Para adquirir un hábito es necesario un toque de perseverancia. Respetar la rutina, la misma ruta a la misma hora, nos ayudará a reforzar la costumbre. «El ejercicio parece más fácil cuando se convierte en hábito y no requiere de tanta fuerza de voluntad cuando no nos apetece», dice Charles Duhigg, autor de *El poder de los hábitos.*

7 — Busca compañía

Un compañero de caminata puede ser estupendo para mantener la motivación. La sensación de que alguien cuenta con nosotros puede servirnos para salir de la cama. Piensa quién estaría dispuesto a acompañarte, aunque no sea todos los días.

8 — Dar al tiempo su importancia

Acepta que quizá debas renunciar a algo para hacer sitio a esta nueva práctica. Yo soy de la opinión de que no solo *buscamos* tiempo para lo importante, sino que lo *creamos.* Hazte esta pregunta: ¿qué estás dispuesto a hacer o a qué estás dispuesto a renunciar para lograr tu objetivo?

9 — Diario

Lleva un diario de tus caminatas. ¿Cómo puedes crear un sistema de control y registro de las caminatas, para que no se te olviden? Toma notas, cuéntaselo a los amigos, saca fotos. Toma conciencia de cómo te sientes al final de cada una. Cada caminata tiene lecciones, dificultades y recompensas propias. Nunca he salido a caminar sin sentirme mejor después. Jamás. Lleva algún tipo de diario y disfrutarás al repasarlo.

10 — Prestar atención a cuándo no es agradable caminar

Las caminatas difíciles tienen mucho que ofrecer. Puedes preguntarte qué demonios ha ido mal. ¿Qué ha pasado? ¿Dónde estaba la dificultad? ¿Qué he aprendido de ella?

Las caminatas difíciles. Sí, las caminatas duras, largas, frías, oscuras, con lluvia, nieve, hielo. A menudo son las que me brindan más información. Cierta mañana de diciembre de 2017 hacía 0 ºC, pero según la aplicación del tiempo la sensación térmica era de -17 ºC a causa de un viento furioso procedente del noreste que azotaba la costa atlántica. Por aquí lo llamamos *nor'easter*. Los *nor'easters* adoptan a menudo la forma de fuertes tormentas en las que la Madre Naturaleza ruge y enseña los colmillos. Desde luego, la enseñanza de esas mañanas es muy simple: reducir la marcha, mantener el calor, tomarse las cosas con calma y estar alerta.

Aquella mañana fui paso helado a paso helado en sentido literal. Cada vez que ponía el pie en el suelo era un resbalón. El terreno no era una superficie estable. Fue una caminata caótica y llena de incertidumbre. Cuando llegué al final de Hay Street y estaba a punto de doblar por Green, perdí el equilibrio y me caí de manera estrepitosa. Acabé con el culo en el suelo y el sombrero y los mitones desparramados por ahí, como en un auténtico accidente de esquí. Mido 1,82, de modo que fue un buen golpe. Después de la sorpresa inicial y de comprobar que estaba bien, me eché a reír. Me había distraído con algo sin importancia. Por un instante, había dejado de prestar atención a mis pasos. No estaba presente. Me reí porque la caminata me brindaba una enseñanza evidente y fundamental. El momento. Estar presente.

Lo esencial

Hablemos de vestimenta y equipo. ¿Qué hace falta para empezar a caminar de forma habitual? Una de las maravillas de caminar es que no es necesario comprar muchas cosas. Lo único imprescindible es un buen par de botas o de zapatillas de correr. Hay que cuidar los pies. Invertir en calzado de calidad repercute a largo plazo en la salud. Lo que necesites dependerá de la parte del mundo en que te encuentres y de lo cambiante que sea el clima allí. Aquí tienes lo que utilizo yo.

Mis básicos para todos los días:

— **Zapatillas para correr** (a cambiar cada 1.000 kilómetros). Cuando compro unas zapatillas nuevas, pongo la fecha en la plantilla para asegurarme de que las cambio apropiadamente. Si es posible, ve a una tienda de *running*, prueba varias marcas y haz que los expertos te ayuden a encontrar el zapato adecuado. Si no tienes una tienda de este tipo a mano, ¿por qué no preguntarle a alguien cercano que corra qué es lo que utiliza? Tener las zapatillas mal ajustadas es la causa más frecuente de lesiones. Fíjate en la suela. Debes elegirla de acuerdo con el terreno por donde caminarás: asfalto, senderos en el bosque, hielo.

— **Calcetines de lana.** Encuentra un calcetín bien ajustado para evitar ampollas. Me encantan los calcetines de lana «viejos», no los calcetines «performance». Cuando hace frío llevo dos pares.

— **Sujetador deportivo.** El tamaño adecuado te resultará mucho más cómodo. Ten unos cuantos, para que puedas rotarlos. Durarán más si no los pones en la secadora.

— *Leggings* **y pantalones de deporte.** Busca ropa técnica, ya que resistirá mucho mejor el lavado regular. Tengo unos pocos pares: unos para el invierno, con forro polar, un par más ligero para el verano, y un par mágico con bolsillos para cuando encuentro la piña perfecta.

— **Camiseta técnica de manga larga.** Uso manga larga para protegerme del sol y porque es una capa reconfortante.

— **Riñonera.** La uso para llevar el móvil cuando utilizo ropa sin bolsillos.

- Linterna de cabeza.
- Bandas reflectantes para las piernas.
- Aerosol repelente.
- Monitor de actividad.
- Móvil o silbato.

Para el frío:

- **Calientapiés** (plantillas para los zapatos).
- *Leggings* de lana sobre las medias.
- **Camisa de franela de manga larga.**
- **Camiseta gruesa de tela técnica con orificios para los pulgares en las mangas.**
- **Chaleco acolchado.**
- **Chaqueta de plumas.**
- **Cuello de lana** (podemos usar una pañoleta o una bufanda).
- **Gorro de invierno.**
- **Guantes o mitones reflectantes.**

Aunque no es necesario en sentido estricto, he incluido un monitor de actividad. Al principio lo usaba por mera curiosidad. Como decía antes, el objetivo de la caminata de la mañana no es contar los pasos, la distancia, la velocidad o la duración. Sin embargo, puede ser interesante estar al tanto de las diversas dimensiones de la ruta.

Preparación

Es importante consultar con un médico las lesiones o problemas de salud que haya que tener en cuenta antes de comenzar una rutina de caminatas de la mañana. Alguna vez he tenido rozaduras y algún que otro dolor sin importancia. De hecho, una de las mejores cosas de caminar es que estamos

diseñados para ello. Es difícil lesionarse caminando. Parece algo que podríamos hacer de manera ilimitada.

Una vez dicho esto, sí existen algunas medidas para evitar lesiones comunes:

— Mantenernos hidratados tanto durante la actividad como durante el resto de la jornada.
— Realizar una tabla de estiramientos sencillos antes de ponernos en camino.
— Si comenzamos a sentir dolor de manera constante, parar y consultar con el médico.

A menudo me preguntan si escucho algo mientras camino. ¿Podcasts? ¿Música? ¿Audiolibros? La respuesta es sí, pero no todos los días. He descubierto que cuando camino sin distracciones estoy más atenta al momento, más presente en el mundo. También hay días en que escucho algo para distraerme. Quizá me pongo los auriculares porque hay algo que no quiero reconocer, en lo que no quiero pensar o de lo que no quiero ocuparme. A veces no me doy cuenta hasta que he vuelto a casa. Esos días no recuerdo gran cosa de los 16 km que he caminado y suelo dar otra caminata más tarde para recobrar la armonía, tocar tierra y prestar atención a lo que sucede.

No obstante, diré que hay audiolibros que parecen fabricados a propósito para caminar; libros de viaje que son un antídoto para el deseo de viajar. Nos transportan a otros lugares incluso si no hemos hecho más que poner un pie en la calle. Son una aventura maravillosa para quienes tenemos un insaciable espíritu aventurero.

Un viaje de mil kilómetros comienza con un simple paso.

—

Lao Tse

3
Con los pies en la tierra y la mirada en el cielo

Me he perdido. Intento orientarme por el centro de Los Ángeles, una ciudad desconocida y un tanto apabullante. No me da miedo, solo me produce incertidumbre. Tengo una reunión dentro de una hora y no estoy muy segura de que en Los Ángeles se llegue a ninguna parte en ese tiempo, sobre todo a pie. A pesar del sentido de la orientación, del que estoy tan orgullosa absurdamente, no consigo salir de este barrio. Por mucho que el GPS del móvil me indique la dirección, tengo la sensación de caminar en círculos. Es frustrante y el nerviosismo de llegar tarde a la reunión de trabajo me resulta muy desagradable.

Entonces me acuerdo. Parar. Tocar tierra y mirar al cielo. Me detengo en medio de la acera, me aparto a un lado, bajo el teléfono y me busco los pies para concentrarme. ¿Qué quiere decir eso de «buscarme los pies»? Se parece a estar en una montaña rusa y detenerme y tomar conciencia de los detalles del entorno.

Pongo todo en pausa. Me detengo. Miro arriba. Mirar las copas de los árboles, la línea de los tejados, el lugar del cielo donde está el sol y, en este caso, las montañas que hay hacia el norte, crea hitos que me ayudan a orientarme sin necesidad del nombre de las calles. Me pongo en marcha de nuevo y llego a la reunión a tiempo.

Tocar tierra. Mirar al cielo. Caminar hacia delante. Paso a paso.

Existen miles de «maneras» y «razones» para caminar. Por motivos de salud, para estar en forma, para conectar, para obtener claridad, para tocar tierra, para desplazarse desde un punto A hasta un punto B. La caminata de la mañana las reúne todas y además su fin es mantener la conexión con el mundo y con el momento presente. Como sucede con la meditación y el yoga, los efectos de concentrar la atención en el cuerpo y la respiración son muy profundos. Es inevitable, cada caminata de la mañana tiene su propio ritmo y su propio sentido, y es reflejo de ese día, de ese momento, de ese estado anímico.

La caminata de la mañana es un estupendo barómetro para saber qué sucede en nuestro mundo, tanto interno como externo, en cualquier momento. Una caminata de la mañana lenta y fatigosa quizá sea el reflejo de la energía interna o de lo que nos ronda por la mente. Una caminata briosa suele ser señal de emoción ante una idea o de una energía recién descubierta que el cuerpo percibe en ese momento. Conectar el cuerpo y la mente con el entorno nos permite abrir la puerta a la curiosidad y al aprendizaje. El acto de caminar no exige gran atención crítica, de modo que podemos concentrar el ritmo y el impulso en el ahora. La caminata de la mañana tiene el poder de concentrar el pensamiento. Cuando siento que el pensamiento se me va a alguna parte, suelo decirme «bienvenida al ahora mismo».

Como es natural, también hay días en que llego a casa y me doy cuenta de que apenas he percibido algo durante la caminata. ¿Había niebla? ¿He ido despacio o rápido? ¿He prestado atención a los pájaros o a la salida del sol? No. Mi mente ha ido todo el rato a lo suyo. Me he pasado el tiempo recreando situaciones que no han sucedido e intentando solucionar problemas que no existen. Estaba tan preocupada con asuntos hipotéticos que no me he dado cuenta de lo que pasaba en el momento. La vida transcurría sin que la reconociera. Mi atención no estaba conectada con el aquí y ahora. No tenía los pies en la tierra.

Mantener los pies en la tierra añade un componente mágico al día. La distracción se encuentra con la intención y la concentración. Si nos pasamos la caminata pensando en esta tarde, esta noche o mañana, nos perderemos la belleza y las oportunidades del aquí y ahora.

Cuando camino, tengo a mano las pistas para resolver cualquier problema, pero si no estoy en situación de escucharlas o de prestarles atención, me perderé la información clave. La atención es esencial. Cuando tenemos la mente llena de cosas, como nos sucede a todos, caminar ayuda a despejar la cabeza. Como decían los romanos, *solvitur ambulando*, es decir, «[los problemas] se solucionan caminando».

Hoy en día sabemos que caminar al aire libre por la naturaleza tiene efecto en la salud tanto física como mental. Caminar descalzos es una práctica cuyos poderes sanadores comienzan a reconocerse. El *earthing* es muy sencillo: consiste en conectar los pies o las manos con la tierra. Solo se necesita un espacio limpio de arena o hierba, o incluso cemento, y quitarse los zapatos.

Debo admitir que la primera vez que oí hablar del *earthing* mi reacción fue de escepticismo y curiosidad por sus efectos. Recuerdo la maravillosa sensación de andar descalza cuando era niña. Desde luego, estaba deseosa de probarlo, así que durante los últimos meses he salido a dar una breve caminata sin zapatos. Se va poniendo cada vez más difícil a medida que entra el invierno, pero tengo entendido que a pesar del frío, el invierno es una estación ideal para practicarlo, si bien de forma breve y con cuidado.

> **No pensemos en el frío como un adversario maligno y negativo, sino como en un espejo que nos indica si las reacciones del cuerpo son correctas, es decir, acordes con las intenciones de la naturaleza.**

Wim Hof

Hay interesantes estudios sobre el *earthing*, también llamado *grounding*, que sugieren que los seres humanos hemos perdido la conexión con el sutil campo eléctrico de la tierra debido a elementos cotidianos de la vida moderna como el calzado o el material aislante de los edificios. Carrie Dennett lo explica en un artículo del *Washington Post*: «Los defensores del *grounding* afirman que esta desconexión está relacionada con la expansión de ciertas enfermedades crónicas propias de las sociedades desarrolladas... Ciertos estudios demuestran que caminar descalzos produce cambios psicológicos casi instantáneos, mejora el sueño y reduce el dolor, la tensión muscular y el estrés». ¡Además es gratis y no requiere receta!

«Con los pies en la tierra y la mirada en el cielo» se ha convertido en un mantra de muchas de mis caminatas. Me recuerda que debo ser consciente de mi entorno en todo momento. Es una combinación de optimismo y realidad que me hace sentir muy bien. El optimismo y la realidad han sido muy importantes durante la pandemia. En los últimos tiempos he salido a caminar con amigos que permanecían en sus viviendas. Nos llamamos por teléfono y caminamos juntos allá donde estemos.

No importa dónde vivamos. Siempre es posible añadirle unos cuantos pasos más al día. No olvidemos que la caminata de la mañana puede ser de solo unas cuantas manzanas con varias respiraciones profundas durante el trayecto. Quienes pasan mucho tiempo en el coche pueden estacionar al final del aparcamiento; también es buena idea elegir las escaleras y renunciar al ascensor.

Harvard Health informaba hace poco: «Un estudio realizado en 12.000 adultos ha descubierto que quienes viven en ciudades corren menos riesgos de sufrir de sobrepeso que quienes lo hacen en barrios residenciales. En Atlanta, por ejemplo, el 45 % de los hombres que viven en barrios residenciales tienen sobrepeso y el 23 % sufren de obesidad. Entre los urbanitas, en cambio, esos porcentajes son el 37 % y el 13 %, respectivamente». La explicación es sencilla; conducir contra caminar. Los habitantes de las ciudades caminan más. Hay una página web llamada Walkscore que nos informa del nivel de «caminabilidad» de un **lugar**. Yo suelo usarla cuando viajo y me parece una herramienta muy útil.

Un amigo mío decía que el *jet lag* es el esfuerzo del espíritu por alcanzar al cuerpo físico en movimiento. Caminar es un antídoto para la velocidad frenética a la que vivimos, para el empeño de vivir a toda carrera y hacerlo todo deprisa. Nos permite existir al ritmo de la naturaleza, incluso si nos encontramos en una ciudad. Lo primero que hago al llegar a algún sitio es calzarme los zapatos de caminar y empezar a familiarizarme con el nuevo entorno, a encajar barrios y paisajes entre sí. En ese momento no voy a ninguna parte, lo único que quiero es explorar el lugar y tocar tierra.

Buena parte del hábito de caminar consiste en estar en armonía con el propio cuerpo. Una vez que tocamos tierra, sintonizamos con los sentidos.

**Mientras uno pueda seguir
caminando, todo irá bien.**

—

Søren Kierkegaard

4

La alquimia de los sentidos

Ya llega el calor al noroeste, y eso quiere decir menos ropa. Es un verdadero alivio. A veces en abril hace tanto frío que tardo 20 minutos en ponerme todas las capas de ropa y agarrar el equipo antes de abrir la puerta.

Hoy no, y por eso la caminata ha sido más relajada y alegre. No he tenido que luchar contra el frío ni cubrirme cada centímetro de piel. He podido disfrutar el momento de manera más plena en vez de solo soportarlo. Caminar en invierno es agradable, no hay duda, pero no tiene punto de comparación con sentir en el rostro el calor de un sol que sale más temprano. Todos mis sentidos se activan.

Hoy flotaba en el aire el aroma de esos pocos y preciosos días en que el mar nos hace sentir su presencia. Olía a salitre y a vida. La mañana olía al sabor de la sal. El viento no me azotaba la cara con enfado, sino con esperanza, y el coro de júbilo de las aves por la llegada de la primavera era efervescente. Por desgracia, también es cierto que tenía la cabeza tan llena de basura que me costaba trabajo albergar sentimientos positivos. Estaba tan agitada que necesitaba prolongar la caminata. Hoy he recorrido 20 kilómetros.

Observar la mente al caminar es muy interesante. Aquel día estaba tan inmersa en mis pensamientos que no era capaz de percibir nada más. Estuve a punto de autoconvencerme de no salir. «Necesitas descansar», «tómate el día libre». Me puse los zapatos y abrí la puerta. «Buen trabajo. Ahora echa a andar. Recuerda que nunca ha habido una caminata que no te hiciera sentir mejor al final...» «Cálmate. Ponlo todo en pausa. Siente la brisa cálida en el rostro.» «Cierra los ojos e inspira a fondo. Huele el Atlántico. Escucha el canto de los pájaros.»

La pesadez de mis pensamientos se aligeraba con cada paso. Los sentidos me enviaban un mensaje muy claro: «Formas parte de un ecosistema mayor. Sácale partido». Los pensamientos no son más que pensamientos. Así de sencillo. Podemos contarnos a nosotros mismos las historias que queramos, pero a veces lo único que hace falta es ponerlo todo en pausa y darnos cuenta de que el mundo es enorme y está esperando a que lo percibamos. Caminar presentes es una forma de recordarnos a nosotros mismos que debemos ver, oír, oler y sentir el mundo. Con cada paso que doy, la basura acumulada en la cabeza se recicla y se queda en la acera.

Los días en que no tengo la cabeza llena de pensamientos basura, mis posibilidades de aprovechar el poder de resolver problemas que tiene cada paso es inmensa. De comprender y aclarar problemas paso a paso. De sopesar posibles soluciones paso a paso. De desarrollar un plan paso a paso. Hay días en que siento que al caminar he solucionado los problemas del mundo y he creado la cosa más importante para la humanidad. Jamás ha habido una caminata de la mañana aburrida, por larga que fuera. Es una poderosísima herramienta para expandir el pensamiento. Como dijo Albert Einstein, «no es que sea muy inteligente, sino que les dedico más tiempo a los problemas». Dedicar tiempo a un determinado asunto, pensar en profundidad y usar todos los sentidos durante el proceso es la manera de poner en marcha la verdadera creatividad e incluso quizá la invención.

Llevo treinta años en el mundo de la publicidad y una vez un director creativo me dijo: «Las cinco primeras ideas nunca sirven. El pensamiento verdadero, único y original solo aparece después de descartar lo obvio». La caminata de la mañana favorece este tipo de procesos profundos. La originalidad exige juego, la innovación exige experimentación, y el caminar genera el espacio y el impulso necesarios para ello.

Abrirnos a todos los sentidos durante la caminata de la mañana es **conectar con** una fuente constante de inspiración.

> **Si buscas ideas creativas, vete de paseo. Los ángeles susurran al oído del hombre mientras camina.**
>
> Raymond I. Myers

Debo admitir que estuve años sin prestar atención. Me perdía cosas. Pasaba por alto, ignoraba y no aprovechaba la oportunidad de tomar mayor conciencia de todos los sentidos al caminar. Cuando por fin me di cuenta, me vino a la cabeza el tablón de anuncios que tengo en el despacho.

Junto a la mesa del despacho solía tener un enorme tablón de anuncios con imágenes de diversas procedencias: fotografías de viajes, páginas de revistas, trabajos de ilustración, *tearsheets* de fotógrafos, un hermoso hilo de cachemir rojo, un pequeño ramo de hojas que había recogido en una excursión maravillosa, una nota de una amiga escrita a mano, un fragmento impreso de uno de mis libros favoritos. Era un campo de pruebas, una caja de ideas, un espacio en el que las cosas chocaban de manera visual y generaban ideas nuevas. La caminata de la mañana se compone de los mismos elementos, pero tiene el beneficio adicional de que nos permite sacar partido de todos los sentidos, no solo la vista. En todas las caminatas veo algo nuevo, oigo algo diferente, incluso si es la misma ruta que el día anterior. La gama cromática de cada amanecer es una paleta nueva que me hace pensar de otra forma sobre el color. Los gansos cruzando el cielo y las olas rompiendo contra las rocas me ofrecen una banda sonora que nadie ha oído antes.

Oído

Trabajé con un músico increíble que solía probar y hacer bocetos de canciones nuevas mientras corría. El ritmo de un tren al pasar era un *hi-hat* que, mezclado con las bocinas de las motos, creaba una base rítmica sobre la que trabajaba. Al correr, se grababa la voz con el acompañamiento de la orquesta de la ciudad. La caminata de la mañana puede proporcionarnos la alquimia creativa que necesitamos. A menudo me acuerdo de él cuando me calzo las botas por la mañana y me adentro en mi propio mundo de inspiración.

Vista

Hace poco pasé por delante de la granja local. Enfrente de la puerta hay una bañera antigua cubierta de óxido por fuera pero blanca y brillante por dentro. Estaba llena de agua y docenas de flores: dalias, cinias, camomila, lavanda. Era una fiesta de colores, texturas y volúmenes. Me iba acercando cuando de pronto me detuve en seco. En aquella bañera estaba la solución a algo con lo que llevaba un tiempo trabajando; una lujosa línea de productos para el cuidado de la piel. Igual que el tablón de anuncios de mi despacho, aquello era también un lugar ideal para esas yuxtaposiciones inesperadas de las que brota una idea. Sumergí las manos en el agua, olí la lavanda, miré de cerca el rostro de las dalias y las cinias y encontré la gama cromática de la nueva marca.

Ya no miro. Ahora veo. Nos pasamos la vida mirando las cosas sin verlas de verdad. Ver algo de verdad exige un ritmo que nos permita percibir por completo incluso lo que quizá no es visible a simple vista. Pensemos en los sutiles cambios de color del amanecer o en el colibrí, que un momento parece envuelto en un vestido plateado y de repente lleva una chaqueta verde. Belleza efímera.

En cierta ocasión una amiga me comentó algo gracioso que reforzó mi valoración por el ritmo de la caminata. «Nunca ves gente corriendo por las galerías de arte...» Buen punto. *Mirar* es un gesto. Es asimilar información, mientras que *ver* es comprender una entidad. Y esto es algo que sucede al ritmo de la caminata.

Olfato

Las caminatas tienen su fragancia. ¿Has estado alguna vez fuera de casa y has olido a humo de madera, a galletas horneadas o a pino? ¿A azahar o a lago? Los aromas nos transportan de repente a un momento y un lugar donde quizá los percibimos por primera vez. Las esencias son poderosas y evocadoras. Cuentan una historia, despiertan intensos recuerdos. Esto se debe, entre otras cosas, a que el sistema olfativo se encuentra en la misma zona del cerebro que la

emoción y la memoria. Es decir, que la parte del cerebro que procesa los olores interactúa con las regiones responsables del almacenamiento de los recuerdos emocionales. Por eso los aromas nos ayudan a ver, recordar y regresar a un lugar y un momento determinados.

Mi caminata de esta mañana, por ejemplo, estará para siempre asociada con las ricas fragancias de la niebla y la sal (sí, la sal tiene fragancia) y la alegre conversación que mantuve con la amiga que me acompañaba. Estoy segura de que la recordaré la próxima vez que camine envuelta en niebla por la playa.

El olfato se considera el más emotivo y primario de los sentidos. Nos transporta a nuevos paisajes en los que se abren senderos que conducen a maneras de pensar únicas y soluciones creativas a los problemas. Realicemos un experimento. Cierra los ojos. Imagina que caminas por un pinar. O por la acera después de un chaparrón. ¿A dónde vas? ¿Quién te acompaña? ¿Qué más sucede? ¿Qué sientes?

Tacto

La vista es sin duda el sentido más predominante al caminar, sin embargo, yo he aprendido a desarrollar el tacto. Me devuelve al presente casi de forma instantánea. La ropa que molesta o hace rozaduras transforma una caminata gozosa en un tormento. La semana pasada hacía mucho frío, así que decidí ponerme dos pares de calcetines para que no se me congelaran los dedos de los pies. Cuando llevaba apenas medio kilómetro de caminata, mi zapato izquierdo se convirtió en una zona catastrófica. Los calcetines se habían enrollado, me habían hecho una rozadura e incluso pude sentir como me salía una ampolla. Era muy molesto. Hacía demasiado frío para quitarme los zapatos y los calcetines y ponérmelos de nuevo, así que mis opciones eran ignorar el problema, cambiar el paso para minimizar los daños o volver a casa y empezar de nuevo. En ese momento, las tres opciones me parecieron igual de malas. Estaba decidida a terminar la caminata y, de forma un tanto obstinada, a que no me la estropeara «una tontería». No fue una buena idea. Cuando llegué a casa tenía una ampolla nada desdeñable, un dedo dolorido, y estaba muy poco conforme con mi decisión. Debo reconocer, sin embargo, que estaba muy muy presente en el aquí y ahora.

Cuando camino suelo llevar un abrigo acolchado, haga la temperatura que haga. Lo hago por varios motivos. El más importante es quizá de índole psicológica, no funcional. Mi abrigo acolchado me aporta seguridad. Es una sensación parecida a cuando alguien me abraza. Me recuerda a cuando me asustaba de niña y me tomaban de la mano, o cuando la persona en quien más confiaba me envolvía entre sus brazos, creando así un refugio seguro y a cubierto. Cuesta creer que un simple abrigo pueda evocar recuerdos tan intensos, pero lo cierto es que el tacto, la talla y la textura del abrigo alrededor del cuerpo me dan valor, seguridad y fuerza y a veces me hace sentir que no estoy sola. No me paré a pensar en ello hasta un día en que no lo llevaba y me sentí desnuda de una forma casi insoportable. Me imagino que es como la manta que usan los niños. Todos la necesitamos.

Gusto

Un beneficio adicional de mi abrigo acolchado con muchos bolsillos es que me lleva al gusto. Hace poco empecé a llevar un trozo de chocolate en el bolsillo. Unas cuantas pasas recubiertas de chocolate, para ser exactos. Quizá no sea una costumbre muy sana desde el punto de vista nutricional, pero la verdad es que me proporcionan un cierto gozo rebelde y la sensación de tener un maravilloso secreto. No hay nada como caminar contra el viento y encontrármelas de pronto.

Hace unos veranos tuve una experiencia gustativa más sutil, cuando encontré un plantío de naranjas maduras durante una caminata. Mientras caminaba, me di cuenta de que las naranjas aportaban sabor a mi andar. La atmósfera estaba clara y radiante y el aire tenía deliciosos olores y sabores de sol, vitamina D y naranja.

La caminata nos conecta con todos los sentidos. Invítalos a acompañarte. Descúbrelos.

Salgamos a caminar para que el ánimo se alimente y se refresque con el aire libre y la respiración profunda.

Séneca

5
**Una práctica
creativa**

Dentro de una semana, la agencia de publicidad en la que trabajo presenta una campaña a un cliente importante y aún estamos retocándola. Una directora creativa nunca sabe cuándo va a aparecer La Idea o La Solución. Es aterrador. La tensión, la ansiedad y el nerviosismo aumentan con el paso de los días. Poner las ideas en común con el equipo nunca es fácil. Mis comentarios suelen ser así:

— *Es una idea interesante, pero no da en el clavo.*
— *No.*
— *Me encanta, desarróllalo más.*
— *Qué locura.*
— *Empieza bien, pero...*
— *Es una idea maravillosa, pero no sirve.*
— *Quizá.*
— *Buen comienzo.*
— *Este concepto es muy bueno.*

No llegábamos a ninguna parte, así que me puse los zapatos de caminar e invité al equipo a acompañarme. Quería propiciar una tormenta de conversaciones y comentarios y desenterrar y liberar pensamientos nuevos y originales. También quería que estuviéramos todos al mismo nivel, que en la reunión no hubiera nadie sentado a la cabecera de la mesa. La jerarquía no importaba. Compartíamos por igual el compromiso de encontrar una gran idea mientras caminábamos por la ciudad.

La mitad de la caminata fueron juegos, chistes y bromas; la otra mitad fue una profunda sesión de resolución de problemas. La parte lúdica fue esencial para generar nuevas ideas y soluciones inesperadas. El juego es necesario para la creatividad y caminar ayuda a situar a las personas en una atmósfera más propicia para la diversión y los juegos productivos que sentarse en un despacho. He oído decir que a menudo los momentos eureka se producen en el subconsciente cuando no estamos enfrascados en el problema. Es por eso que a menudo oímos que a las personas se les ocurren las ideas mientras se duchan o preparan el desayuno.

Durante la caminata generamos numerosas ideas y direcciones nuevas. La mayoría eran malas e inservibles, pero al menos nos hicieron reír. Las demás fueron el resultado del proceso de eliminar las inútiles. Quizá lo más importante de todo fue sentirnos parte de un equipo. Un objetivo y una atmósfera común nos inspiraron una manera nueva de pensar juntos.

No existe un método infalible o un proceso garantizado para generar grandes ideas. En el fondo, las ideas innovadoras y únicas son cuestión de confiar en el equipo y, desde mi punto de vista, de añadir movimiento al proceso creativo.

La creatividad exige mirar las cosas con ojos nuevos. Para mí, la herramienta de innovación más potente es el caminar. El estudio de Oppezzo y Schwartz, de la Universidad de Stanford, concluye con la siguiente afirmación: «Caminar produce un aumento de la creatividad analógica... Caminar produce un beneficio específico: la mejora de la creatividad».

Caminar despierta los sentidos y obliga al cerebro a activar diversas zonas al mismo tiempo. Mientras caminamos, el cerebro recurre a varias áreas y regiones para coordinar el movimiento y mantener el equilibrio. El movimiento estimula zonas del cerebro que por lo general no funcionan al mismo tiempo. El estudio de Stanford citado más arriba demuestra que caminar aumenta la producción creativa en un 60 %. Estamos capacitados para caminar de manera inconsciente. No necesitamos pensar para poner un pie delante del otro, por lo que podemos beneficiarnos del hecho de que el cerebro esté ocupado en una actividad que potencia la creatividad.

Un artículo muy interesante de los neurocientíficos Leisman, Moustafa y Shafir publicado en *Frontiers in Public Health* y resumido por Nicole Dean en *Brain World Magazine* sugiere que «los procesos cognitivos humanos complejos, incluyendo nuestra notable capacidad de innovación, evolucionaron al mismo tiempo que la capacidad de andar... No hay duda de que las mismas estructuras que nos permiten andar nos permiten acceder a las competencias cognitivas más sofisticadas».

Podemos afirmar que la capacidad del ser humano de resolver problemas, innovar y crear se originan en su capacidad de andar. Son muchos los pioneros de fama mundial que han recurrido al caminar como herramienta clave de su trabajo. Steve Jobs solía celebrar sesiones llamadas *Walk and Talk* con amigos, colegas y empleados. Para él fueron imprescindibles en la creación de algunos de los productos y conceptos de mayor importancia y éxito de Apple. La conexión y la energía de la caminata no solo se dan entre personas que se conocen. Como dice Minda Zetlin en un artículo de 2020 en *Inc*: «Celebrar una reunión dinámica es sin duda tan beneficioso para la salud de los participantes como para la eficacia de la propia reunión. Una nueva investigación de la Universidad de Hong Kong demuestra que caminar al lado de una persona nos ayuda a conectar con ella». Se cree que el poder de los pasos sincronizados, el movimiento de los brazos y la respiración construyen un vínculo sin siquiera tener que mediar palabra.

Son muchos los líderes mundiales que afirman que la caminata es un ritual

William Wordsworth
Henry David Thoreau
Albert Einstein
Oprah Winfrey
Charles Darwin
Virginia Woolf
Isaac Asimov
John Muir
Ludwig van Beethoven
Mahatma Gandhi
Sigmund Freud
Y por supuesto,
Edward Payson Weston, padre del pedestrianismo.

Para mí, la razón por la que caminar es una herramienta creativa tan potente es la yuxtaposición de un elemento esquivo y efímero, la idea, con otro fundacional y físico, el andar. Cuanto más me muevo, más me conmuevo.

El regalo de la naturaleza para el que camina... es echar la mente a volar, exaltarla, hacerla hablar, volverla quizá un poco loca —pero desde luego muy creativa e hipersensible—, hasta que al final parece que sale de ti para entablar una conversación contigo mientras tú le respondes. [...] en el aquí y ahora, la mente se libera de sus arneses y piafa y galopa como un potro por los prados.

Kenneth Grahame

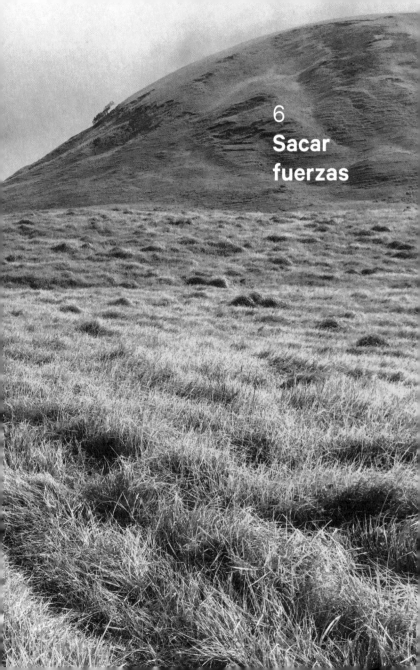

6
**Sacar
fuerzas**

Me despierto antes de la salida del sol, sin despertador.
Zapatos, linterna y ropa de abrigo.
Establecer una intención para la caminata. Paciencia.
Salgo por la puerta.
Té al volver a casa.

Está lloviendo a cántaros. La lluvia parece encontrar todos los pequeños huecos para filtrarse y el ala de mi sombrero gotea, gotea y gotea. Después de haber recorrido 15 km estoy calada hasta los huesos, a pesar de haber puesto a punto mi equipo. Por suerte, iba abrigada. Si empiezo a sentir frío, la incertidumbre y el miedo se abren paso. Sentirse abrigada hace que estos paseos sean más heroicos que amenazadores. Me siento segura cuando tengo calor. Mientras camino, una voz rebelde me visita.

> «Te estás recuperando de un dolor de garganta, no hace falta que permanezcas al descubierto.»
> «Has caminado lo suficiente, cariño.»
> «Un té tendría mucho mejor sabor que la lluvia.»

He estado en esta situación muchas veces en los últimos años y reconozco esta voz. Puede ser convincente y encantadora, seductora en sus intentos de hacerme volver a casa. La experiencia me ha enseñado que cuando hace demasiado frío, cuando está demasiado mojado, demasiado caliente o húmedo, es cuando las endorfinas explotan, los problemas se resuelven y comienza la verdadera sanación. La experiencia de estar en el exterior en un clima desafiante alimenta una especie de orgullo que crea impulso. Volviendo la mirada hacia casi una década de caminatas diarias, los días en los que trato de convencerme a mí misma de no hacerla son aquellos en los que la caminata de la mañana tiene el mayor impacto.

A menudo me preguntan cómo consigo salir a caminar a diario y de dónde saco fuerzas.

Debo admitir que el día que di mi primera caminata no sabía que seguiría haciéndola años después. El deseo era por entonces más inmediato, más urgente. Pasar más tiempo al aire libre. ¿Cómo sigo en ello día tras día? Es sencillo. He descubierto que la parte más significativa del aprendizaje son esas enseñanzas sutiles que solo se comprenden con tiempo. Camino a diario porque la caminata de la mañana se ha convertido en una escuela. Una escuela íntima que me enseña cosas de mí misma. También forma parte de mi identidad: soy una persona que camina todas las mañanas. Igual que quienes corren todos los días se consideran corredores o quienes pintan a diario se consideran pintores. Yo camino todos los días: soy una caminante. La idea de no hacerlo me parece una traición a mí misma.

A continuación, unas cuantas lecciones que he aprendido por el camino.

No hay dos caminatas iguales

Incluso si muchas de las variables se repiten, cada caminata es única, indómita y hermosa. Cada caminata nos depara una nueva historia, una nueva enseñanza, un nuevo punto de vista y una oportunidad de entender el mundo de manera única. Pienso en cada caminata como una pizarra limpia, una página en blanco.

En cada caminata hay gozo

Incluso cuando cae una lluvia helada o estoy de un humor de perros, siempre hay algo maravilloso. La gratitud por un sombrero cómodo y abrigado, la sensación de valentía por estar fuera cuando una voz interior me ordena quedarme en la cama, los árboles con la corteza empapada y la nieve en las ramas, una agradable conversación con una amiga, la satisfacción de haber salido a caminar 3.284 días seguidos.

Esto también pasará

Las emociones y los pensamientos, igual que el clima, suceden y después pasan. La caminata tiene un principio y un fin. La marea sube y baja. Las estaciones se suceden. El sol sale y se pone. La mente se llena y se vacía de basura.

El mal tiempo no existe...

...Solo existe la ropa inadecuada, como dijo Alfred Wainwright, el legendario caminante del Distrito de los Lagos. Buena parte de las caminatas tienen lugar en condiciones atmosféricas que pueden considerarse adversas. Basta con asegurarse de contar con el equipo adecuado.

La disciplina es una recompensa en sí misma

Cuando hemos hecho algo durante treinta días seguidos, cuesta trabajo encontrar una razón para romper la racha. El compromiso es difícil, pero la costumbre es fuerte. Por eso hay que continuar. Un pie delante del otro.

No perder el cable a tierra y elevar la mirada

Un buen recordatorio: los pies en el suelo, los ojos al cielo.

El silencio contiene información esencial

Nuestro mundo interior precisa de nuestra atención. Al principio de la pandemia de COVID–19 decidí que no quería saber nada de las noticias y me concedí ciertos períodos de silencio para sentirme en paz. Me quité los auriculares y me di cuenta de lo que me perdía al distraerme con información externa. Asegúrate de darte a ti mismo períodos de silencio.

Desconecta para reconectar

La mayoría de las veces camino sola. Es una ocasión para acallar el ruido externo de la cultura y las expectativas y escuchar a mi instinto, mi intuición y mi naturaleza esencial. Así, cada caminata es una aventura. Una aventura de pensamientos, de clima interno, de nuevos senderos. Cada caminata es un peregrinaje personal.

La emoción necesita movimiento

A veces surgen emociones inesperadas y no es fácil definir con exactitud los sentimientos. Añadir movimiento a esos momentos es una manera muy útil de identificar cada emoción, dónde reside y de dónde proviene.

Las palabras *movimiento* y *emoción* están relacionadas. Una proviene del latín *movere*, 'mover', y la otra de *emovere*, 'remover'. Por eso, no debe sorprendernos que el movimiento estimule las emociones.

Pasa a la acción, todos los días

O dicho de manera más simple: comprométete contigo mismo. Caminar diariamente puede cambiarte la vida. Es algo que sucede despacio y de forma deliberada. El compromiso se realiza paso a paso, caminata a caminata.

No hace falta mucho

Es *así* de sencillo.

No importa que la caminata sea placentera y lenta o vibrante y decidida; en la naturaleza o por el barrio. Mi consejo es ser creativos y encontrar la forma de integrarla en la rutina diaria. Caminar no es solo una actividad, es una actitud. Es necesario integrarla en la rutina habitual. Solo así construiremos y conservaremos un estilo de vida en el que caminar sea parte vital de la jornada. Si reunimos fuerzas para lograr un objetivo, llegará un momento en que no querremos romper el hábito. A continuación, unos cuantos consejos para integrar la caminata en el día a día.

1. Planea una reunión dinámica.
2. Aparca lo más lejos posible de tu casa o lugar de trabajo.
3. Convierte la cita del café en una cita del café dinámica.
4. Camina parte del trayecto al trabajo o a casa de algún amigo.
5. Baja del transporte público una parada antes.
6. Organiza un club de lectura dinámico.
7. Emprende microaventuras: recorre una calle nueva al día.
8. Practica el *plogging* (recoger basura mientras se corre/camina).
9. Usa las escaleras, no los ascensores.
10. Diseña una competición de caminatas con los amigos o la familia, incluso si no vivís en el mismo barrio. Basta con crear un *hashtag* y echar a andar.
11. Ten siempre a mano los zapatos de caminar (en el coche/bajo la mesa/detrás de la puerta).
12. Baja una aplicación de monitor de actividad para contar los pasos y divertirte con los datos.
13. ¡Adopta un perro! Ofrécete para pasearle el perro a algún amigo.

Parte de las fuerzas y de la motivación para continuar proviene de la regularidad. La energía genera energía. Caminar a diario es fundamental para mí, pero no lo hago solo por mí misma. También lo hago por quienes me rodean. Creo que cuando creamos el espacio para cuidar de nuestro bienestar mental, físico, emocional y espiritual, aparecemos en el mundo con más claridad, energía inteligente y conciencia de nosotros mismos. El compromiso personal es enriquecedor, pero quizá lo más importante es que quienes nos rodean sienten la influencia. Eso me motiva.

Así, aunque es cierto que mi caminata de la mañana es en esencia una práctica individual e íntima de conciencia plena, también percibo el impacto que tiene en mi pequeño mundo. Después de una caminata es más probable que tenga la energía y la perspectiva que deseo para la jornada. Una buena amiga tenía un cartel en su despacho que decía algo así como «Por favor, responsabilícese de la energía que trae a este lugar». Al leerlo supe que siempre que me fuera posible aparecería por allí con una energía de la que pudiera sentirme orgullosa *después* de una caminata. Cuando me siento molesta o enfadada soy más capaz de responsabilizarme de mi actitud si he salido a caminar, porque he pasado un rato analizando mis creencias, pensamientos y expectativas.

¿Voy a cambiar el mundo con mi caminata diaria? No. Pero sí creo que somos responsables de las perspectivas y el entusiasmo que cultivamos en nosotros mismos, así como de la energía que traemos al mundo. ¿Es la caminata de la mañana una cura milagrosa? Desde luego que no. ¿Tengo siempre la energía que deseo? Ni hablar. ¿Me ayuda la caminata de la mañana a empezar el día con buen pie y avanzar en la dirección correcta? Sí.

Cuando empecé a caminar solía pedir a mis familiares y amigos que no se tomaran en serio nada de lo que dijera hasta mi regreso. Aún lo hago.

Si estás de mal humor, sal
a caminar. Si sigues de mal
humor, sal a caminar otra vez.

Hipócrates

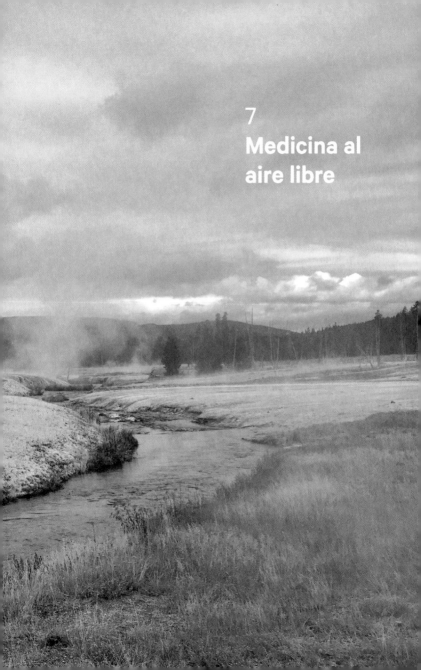

7
**Medicina al
aire libre**

Por primera vez en nueve años he estado a punto de convencerme a mí misma de quedarme en la cama. Esta mañana el estado del mundo parecía demasiado pesado, demasiada carga. No había sitio en la mochila emocional para todos los sentimientos. Eran tan numerosos, tan crudos, tan espinosos, tan pesados... La conversación interna ha sido parecida a esto:

VOZ: *Quédate en la cama y descansa, hermana.*

YO: *¿Qué? ¿De verdad me puedo quedar en la cama hoy?*

VOZ: *Claro que sí. Nunca te has perdido ni un solo día. Concédete unas vacaciones. Deja al cuerpo estar tranquilo y en silencio.*

YO: *Pero me encuentro fatal y sé que ponerme los zapatos de caminar siempre lo mejora todo. No ha habido un solo día que no me sintiera mejor o tuviera la cabeza más despejada después de una caminata.*

VOZ: *Claro, pero tampoco es obligatorio*

YO: *Gracias, pero voy a salir a caminar.*

Ha habido días en que la caminata de la mañana ha sido al mismo tiempo mi confidente, mi terapeuta y mi mejor amiga. Todo comienza con el primer paso. Por ejemplo, cuando me enfrento a un reto profesional importante y necesito una solución. El problema exige tiempo para sopesar la cuestión desde todos los puntos de vista, para asegurarme de comprender las perspectivas posibles y las soluciones potenciales. Mi estrategia es dedicar las caminatas de la semana a la situación y ver qué se me ocurre. Las caminatas no tienen ni destino ni resultados predeterminados, solo el deseo de comprender la situación con la mayor profundidad posible. A finales de semana tengo las ideas claras y sé con exactitud qué hacer. Para tener esa experiencia, hay que haber caminado unos cuantos kilómetros.

Por suerte, al poner el cuerpo en movimiento producimos los antidepresivos naturales más efectivos que se conocen. La mente, el cuerpo y el espíritu son una unidad. La salud mental es salud cerebral y la salud cerebral, salud física. La única forma de avanzar hacia el bienestar holístico es la acción consecuente, y el mejor combustible es la caminata de la mañana. Alguien me dijo una vez que el único motivo por el que el ejercicio regular importa es que enseña al cerebro a creer que el esfuerzo importa. Al cambiarnos el cerebro, nos cambia la forma de entender la vida.

Durante la pandemia de 2020-2021, caminar se convirtió en una forma crucial de medicina preventiva. Quizá siempre lo haya sido, pero no estoy segura de que hace unos años hubiera utilizado esa palabra. Me daba la impresión de que la caminata de la mañana era una manera de curarme. Una manera de caminar hacia la belleza del día y alejarme de lo inservible. Es una actitud y un hábito que me brinda un bienestar infinito. Resulta muy interesante que hoy en día los médicos prescriban caminatas en un entorno natural para mejorar el estado de ánimo y bajar los niveles de ansiedad, estrés y depresión. Es bien sabido que los baños de bosque (*shinrin-yoku*) tienen un profundo efecto sobre el estado de ánimo. Un estudio publicado por la revista japonesa *Environmental Health and Preventive Medicine* sugiere que los baños de bosque y las caminatas al aire libre «mejoran la salud fisiológica y psicológica de personas en edad de trabajar, como lo demuestra el descenso en la presión sanguínea y el alivio de los parámetros psicológicos negativos». Es tan fácil como buscar unos cuantos árboles y caminar entre ellos. Puede ser un bosque, un parque, una calle arbolada o un árbol solitario que esté cerca de casa. Conocer esta «receta» curativa es ya un alivio.

Caminar en la oscuridad

Las caminatas en la oscuridad son quizá las más mágicas y curativas. Atenuar uno de los sentidos para que los demás se agudicen es toda una experiencia. Durante el invierno, la mayoría de mis caminatas comienzan a oscuras. La tierra está en silencio, el ritmo de todo es más tranquilo. Las luces se encienden en las cocinas. La gente recoge el periódico en bata. Los perros pasean a sus dueños. No hay nada como el sentimiento de conexión íntima con mi barrio mientras se despereza. Soy afortunada de caminar por un lugar que conozco bien y en el que me siento segura.

Cuando el sol asoma por el horizonte ya hay una tribu despierta. Los veo todos los días. El corredor de trote elegante, el caminante de la muñequera intermitente, los hermanos ciclistas dando su pedalada matinal. Es como si formáramos parte de un club discreto de conocedores de la gracia y las oportunidades que ofrece la mañana. No sé ni dónde viven ni cómo se llaman, pero estamos conectados de alguna forma. Conectados por el compromiso con la mañana y también, o al menos así me gusta pensar, conectados unos con otros mientras realizamos juntos nuestros rituales personales.

Hace poco salí a dar una caminata por la nieve con un grupo de amigas. Salimos después de la puesta de sol. Ya estaba oscuro, así que al pasar bajo un corredor de rododendros encendimos las linternas de cabeza. De pronto nos quedamos en silencio al mismo tiempo, casi de manera instintiva. Dejamos la conversación, nos detuvimos y apagamos las linternas. Fue como si hubiéramos penetrado en una catedral iluminada por cirios. Pusimos el mundo en pausa e inspiramos profundamente el aire frío todas a la vez. Estábamos bajo la luna, juntas, colmadas de energía en lo más oscuro del oscuro y helado invierno de Nueva Inglaterra. Duró solo un instante, pero fue intensísimo. Caminar en la oscuridad da al mundo un aspecto dramático, íntimo e incluso cinematográfico.

Capacidad de adaptación

Es asombroso el tipo de gente con la que me cruzo a la salida del sol. Avistadores de aves. Al parecer, por el lugar donde camino pasa la ruta migratoria de muchas aves como el águila americana, el búho nival, el halcón peregrino y el elegante jilguero americano. Entre los avistadores de pájaros se encuentran algunos de los espíritus más entusiastas y generosos del planeta.

Una de las enseñanzas clave que podemos extraer tanto de los avistadores de pájaros como de las propias aves es su capacidad de adaptación y modificación de la conducta. La capacidad de adaptarse a un entorno y a unas circunstancias cambiantes es fundamental. Quizá sea una de las enseñanzas que más trabajo me han costado aprender y adoptar. La capacidad de adaptación no es algo que se aprenda por casualidad. Exige una atención sutil si bien constante. Por suerte, la caminata de la mañana es una escuela a la que asisto a diario y la maestra es tan incansable como hermosa: la Madre Naturaleza, la verdadera maestra.

Sobre todo, no pierdas el deseo de caminar. Camino cada día hasta que alcanzo el bienestar y me alejo de la enfermedad. He caminado hasta alumbrar mis mejores pensamientos y no conozco ninguno tan molesto que no permita alejarse de él caminando.

Søren Kierkegaard

8
**Una forma
de ser**

Me he enterado de algo terrible. Es una de esas noticias que te cambian la vida, profundamente difíciles. La mayor de las traiciones. Al salir del trabajo, me he dicho que podía hacerme un ovillo en la cama hasta sentirme mejor o salir a caminar. Me he ido a casa, me he puesto los zapatos y he salido a hacer mi ruta habitual de 11 kilómetros. Al final he caminado toda la noche. Toda. La. Noche. Un doloroso paso tras otro. Necesitaba seguir caminando.

Diferentes emociones se sucedían en cada vuelta. El profundo enfado, la frustración ciega, la absoluta negación, la ira pura, la confianza hecha trizas... A veces todas a la vez. Cada vuelta se ha convertido en un elegante capítulo acerca del luto, acerca de la reflexión, acerca del dolor, acerca de encontrar el camino de vuelta a mí misma. He estado fuera hasta el amanecer. Después he vuelto a casa, me he duchado y me he ido a trabajar a pie.

Cada paso fue esencial para ver con claridad. Para comprender lo sucedido. De alguna manera, necesitaba encontrar la quietud en la inquietud. Necesitaba encontrar el camino, encontrarme a mí misma. No se trataba de evitar el dolor. Se trataba de entenderlo, y mi forma de entenderlo era caminar. Como el maestro y poeta Ram Dass dijo una vez: «No hacemos más que acompañarnos a casa los unos a los otros». Me estaba acompañando a casa a mí misma. Caminar aquella noche me salvó.

Una amiga me dijo una vez: «Lo "diario" de un compromiso diario es la parte difícil, casi imposible a veces». Jamás imaginé que un día tendría que elegir caminar toda una noche para curar lo que me parecía una herida de muerte. Sin embargo, los años de poner un pie delante del otro me han enseñado la disciplina de la práctica. Sabía por instinto que lo que necesitaba era caminar. Solo caminando hallaría el camino de vuelta a casa.

Llegados a este punto quizá te preguntes: ¿Cómo convertir la caminata en una forma de vida? ¿Cómo perseverar y confiar en la práctica?

Un camino hacia adelante

Como decía antes, existen recursos para adquirir la costumbre de caminar a diario. Sin embargo, con el paso del tiempo empezaremos a toparnos con ciertas dificultades. Es necesario pensar la manera de solucionarlas. En mi caso, yo siempre me despierto con los pies fríos, lo cual funcionaba en invierno como elemento de disuasión psicológica, porque la mente me convencía de que cada vez haría más frío y me sentiría más incómoda. Por eso busqué las zapatillas más abrigadas que pude para ir desde la cama hasta los zapatos de caminar y ahora en invierno uso calcetines calefactables. El intervalo entre despertar y caminar es delicado. Yo he tenido que recurrir a herramientas, trucos, estratagemas y soluciones para asegurarme de que no hay motivo que me impida salir.

Es buena idea conectar el nuevo hábito con otro ya existente para que uno ayude al otro a asentarse. La idea es automatizar la nueva conducta. Todas las noches dejo los zapatos de caminar delante del lavabo donde tengo el cepillo de dientes para saber siempre dónde están.

Cuando el pensamiento nos asegure que no hay forma humana de lograrlo, consideremos responder algo como «sí, pero imagínate que lo consigo». Es importante recordar que los resultados no serán inmediatos. Hay que dejar que el hábito se convierta en el objetivo.

Durante la caminata, no olvides relajarte y conectar con los sentidos. El sonido de la ciudad que despierta, el olor de los pinos, la sensación de la fina tierra en las suelas de los zapatos, las luces de las casas, el sonido del tren al salir de la estación son fuentes de inspiración para salir de casa.

Por último, es bueno felicitarse. Cada día. Lo he aprendido de uno de mis hijos. Estábamos esquiando un día y nos lanzamos por una pendiente muy pronunciada. De repente oí que canturreaba. Cuando llegamos al final le pregunté qué hacía. Me respondió que la bajada lo intimidaba un poco, así que había decidido cantarse a sí mismo cumplidos durante el camino. Es una costumbre que todos deberíamos adoptar. Pruébala.

Para mí, una parte importante de convertir la caminata de la mañana en una forma de vida ha sido ser generosa en mi manera de entender la práctica. Ha habido días, cuando he estado enferma o de viaje, en que solo he dado una vuelta a la manzana en lugar de recorrer varios kilómetros, y eso exigía una cierta amabilidad en la definición. No se trata de la distancia, de la velocidad o del tiempo, por lo que mis expectativas de lo que constituye una caminata de la mañana se amoldan a cualquier caminata intencional. El objetivo es implicarse de manera consciente con la mañana.

> Por lo tanto, ¿qué vas a hacer con este año nuevo, con estos 365 días? Cada uno contiene 24 horas de oportunidades. Cada uno contiene 96.400 segundos, casi el mismo número de veces que late el corazón.

Mark Shayler

La caminata de la mañana es mi fuente de energía. Ni disminuye ni consume la energía de la jornada, todo lo contrario, la crea y multiplica. Caminar por la mañana me ayuda a estar presente y ser productiva. La productividad no es un objetivo específico, pero disponer de energía para ser diligente, organizada, atenta, empática y creativa sí lo es. A menudo la gente me dice que está demasiado cansada para hacer ejercicio o salir a correr o a caminar. Los comprendo. Sin embargo, caminar genera energía. Para demostrarlo solo hace falta salir a dar una vuelta cuando estemos agotados y ver qué pasa. Es increíble lo que puede hacer un simple paseo.

El momento de despertar me brinda increíbles oportunidades. Es una verdadera tragedia desperdiciarlo poniéndonos de inmediato con las tareas de la jornada.

David Whyte

Seguir
adelante

Buenos días, año nuevo. Acabo de volver de una caminata larguísima y preciosa. 19 kilómetros. Unas tres horas. Ha sido una maravilla. Radiante. Tranquila. Gélida. Todo estaba pleno de esperanza y de estímulo. No quería regresar. Quería seguir respirando a la luz del sol y el canto de los pájaros. He utilizado el entorno para deshacerme de las voces negativas del año pasado. He abandonado al costado del camino todos aquellos pensamientos inútiles y distractores que se me habían colado en la mente: «No eres lo bastante _____». «Eres demasiado _____.» «¿Por qué dijiste _____?» Y bla bla bla. Mientras camino se me hace más fácil dejarlos atrás. ¿Qué queda entonces? Un día radiante, luminoso y colmado de gratitud.

Caminar. Inspirar. Espirar.
Sentirlo todo. Sentir el día.

En mitad de la caminata de hoy me he cruzado con un búho nival, un animal tan maravilloso como poco común. En otros tiempos no lo habría visto. A veces estamos tan ajetreados que no percibimos lo que tenemos delante. Hoy es diferente. Los años de práctica me han enseñado a bajar la marcha y alzar la vista. Al pasar por delante del búho, ha levantado el vuelo, ha hecho varios círculos y se ha vuelto a posar en el camino como si dijera «vamos, sigue adelante».

Caminar por la mañana es el equivalente a escribir un diario. Es un espacio de reunión con los pensamientos de la jornada. Habrá días en que no nos apetezca escribir/caminar. Hazlo de todos modos. Habrá días en que te olvides de hacerlo por la mañana. Hazlo por la noche. Quizá pienses que es una pérdida de tiempo. Aun así, sal a caminar . Las lecciones llegan cuando te comprometes con la caminata y haces la tarea. No olvidemos nunca que no es cuestión de distancias ni de velocidad. Lo importante es salir. La caminata de la mañana es la práctica del compromiso, la respiración, la atención, la humildad, la generosidad, la paciencia, la disciplina, el descubrimiento, la felicidad plena. La esperanza y el amor. Caminar es generar resiliencia, es amar el propio cuerpo, es comprometerse y tomar partido por el propio bienestar. Es un acto radical de cuidado de uno mismo.

El otro día al despertar me pesaba el pecho. Era preocupación, miedo y un toque de pensamiento negativo. Lo que pensé al salir de la cama fue: «Gracias a Dios que voy a salir a caminar». Una caminata tiene cierto parecido con un masaje físico y espiritual. Recuerdo que al principio visualizaba que los músculos, las células y cada parte del cuerpo recibían un masaje. Se parece a tener un bebé en brazos y mecerse adelante y atrás por instinto. Es la misma danza de cuidados y sanación, que además tiene la maravillosa capacidad de tranquilizar, creo yo, tanto al bebé como al adulto que lo acuna. Un movimiento suave con un ritmo familiar. Caminar tiene el mismo ritmo y nos da la misma sensación. Un ritmo de dos pasos por respiración aporta sosiego, certidumbre y amor. He aprendido, durante la pandemia en especial, que caminar concentrada en la respiración me ayuda a sentir que tengo el control de mi vida.

Otra hermosa ventaja de caminar es que no hace falta apuntarse ni hacerse socio de nada, ni pagar cuotas mensuales. Lo único que hay que hacer es calzarse los zapatos y salir de casa. Encontrar una calle, un campo, una acera. Una ruta de senderismo, de ciclismo, un jardín, un parque, un camino alternativo, una ruta más larga para llegar a casa de alguien... Y caminar. También hay rutas específicas para los que van en silla de ruedas. La caminata de la mañana se adapta al estado en que nos encontremos cada día. Ese fue uno de los elementos claves para mí. Poder reducir la distancia o comenzar una hora antes en caso de que la jornada me exigiera más atención y tiempo. Ha habido días en que he necesitado una hora más para preparar algo del trabajo y he reducido la distancia. Otros días he estado enferma y he esperado a que saliera el sol para dar una vuelta lenta por el barrio.

Caminar quizá no sea una actividad aeróbica intensa, pero quizá es la forma de ejercicio más potente y sin riesgo de lesiones. Hay abundantes datos científicos que respaldan la eficacia de incluir la caminata en la rutina diaria. Un estudio demuestra que caminar entre diez y doce minutos aumenta la autoconfianza, el estado de ánimo y la atención. Y hemos visto que caminar en la naturaleza reduce de manera importante los pensamientos negativos y mejora la salud del cerebro. Caminar es un superpoder. No cabe duda.

Solo cuando estamos descansados y abiertos y tenemos la cabeza clara la vida se convierte en verdadero reflejo de lo que queremos que sea. Caminar es la manera ideal de llegar a ese estado porque nos permite explorar el mundo y concedernos el espacio para pensar a lo grande. A mí además me ha ayudado a llenar mis sueños de energía.

Caminar es la brújula esencial. Nos ayuda a orientarnos en el mundo y en la vida y a ver por fin quiénes somos y dónde queremos ir. ¿Cómo capear el temporal cuando la caminata se pone difícil, hace frío o parece que no termina nunca? La enseñanza es siempre la misma. Seguir adelante. La respuesta está detrás de la curva. Lo incómodo, lo confuso, no duran por siempre. A la cima de la montaña, a casa, al calor, al final de algo se llega paso a paso en sentido literal. Caminar es un espejo de la vida. Habrá días más difíciles y días más fáciles, habrá montañas más altas y menos altas, pero en esencia, la manera de superar los obstáculos o llegar a la cima es fragmentar la tarea en acciones, es decir *pasos*, más pequeñas. Caminar es una empresa gozosa y a veces cómica de la que podemos aprender mucho si mantenemos la atención igual que los pavos. Sí, los pavos.

La enseñanza de los pavos

En mi ruta favorita me encuentro a menudo con una bandada de unos veinte pavos, casi todos bastante arrogantes. Suelen pasar el rato en medio del camino. Se suben a las ramas de los robles de nueve metros como si pudieran volar, cosa que no pueden hacer, por mucho que ellos crean lo contrario (¡no arremetáis contra mí, ornitólogos!). Están siempre charlando y los machos se creen muy especiales, siempre contoneándose y presumiendo de su plumaje como si fueran los dueños del lugar. No es exagerado decir que hemos pasado mucho tiempo observándonos. Son unos filósofos inverosímiles, pero debo decir con toda sinceridad que tengo la sensación de haber aprendido mucho de ellos. No soy ornitóloga. Ni siquiera avistadora de aves. Pero solo con estar con la bandada y ver cómo interactúan a los largo de los años, creo haber aprendido unas cuantas cosas: a tener mucha confianza en una misma; a empoderar a los demás para que lideren; a desarrollar dotes de comunicación; a lucirse sin vergüenza; a levantarse, ponerse manos a la obra y seguir adelante.

Levantarse y ponerse manos a la obra

La motivación es cuestión de elección y tiene mucha magia. Cuando estamos motivados para mostrar nuestra valía, hacemos que quienes nos rodean la muestren también. La motivación no es una energía intangible que aparece de la nada. Es una fuerza que nos obliga a actuar y es fundamental para orientarnos en la vida. Se parece a la inspiración activa invisible.

Muchas veces me he preguntado de dónde sale la motivación. ¿Aparece antes o después de hacer algo? ¿Es causa o efecto? Quizá las dos cosas. Cuando empecé a caminar, había días que necesitaba una dosis extra de motivación para abrir la puerta de casa, unos días más que otros. También es cierto que al volver sentía como si tuviera motivación suficiente para un año. Ahora, después de todo este tiempo, me doy cuenta de que cuando me despierto y salgo de la cama ya no puedo evitar salir a caminar porque sé el efecto que tendrá en la jornada. Como dijo Steven Pressfield en su libro *La guerra del arte*: «En algún momento el dolor de no hacer algo es mayor que el de hacerlo». Se refiere a escribir, no a caminar, pero la cuestión es la misma.

Una caminata de la mañana al día también me sirve para planear una ruta segura. Sé que el sol va a salir y que me voy a calzar los zapatos y salir a caminar. Son cosas en las que puedo confiar, y como resultado, puedo confiar en el futuro.

Es un pensamiento que me reconforta y me llena de fuerza, es como una invitación a creer que somos capaces de diseñar el mañana. Cuando me pongo en camino, el mundo aún duerme, así que me da la sensación de que la jornada es mía y puedo diseñarla a mi gusto.

> **Siempre me han gustado las horas que preceden al alba porque al no haber nadie que me recuerde cómo debo ser, recuerdo cómo soy.**
>
> Brian Andreas

Las mañanas son una maravillosa página en blanco. Hay una profunda sensación de libertad en crear la jornada a nuestra voluntad. Decir que la caminata de la mañana se ha convertido en una obra de arte es exagerar, pero sin duda es un ritual de creatividad, expresión, belleza y, a veces, pura exuberancia. Es una forma de comenzar el día sintiendo la vida del mundo con una sensación abierta de posibilidad. En cada caminata todo es posible y todo es hermoso, incluso bajo un gélido y malhumorado chaparrón. La caminata de la mañana es un deseo de respetar la belleza. De estar con la belleza. De crear belleza. Supongo que en el fondo sí que es una obra de arte.

La mentalidad de principiante

Caminar es una manera esencial de medir el mundo y vernos en él. Ver el mundo de diversas formas es empezar a comprenderlo. Cada caminata nos ofrece información única, importante y esencial para llevar enriquecidos y maravillados el timón de nuestros días. Las nuevas experiencias son nuestras maestras. Aprender amplía nuestra apreciación del mundo. Caminar a diario es una forma de asegurarnos la oportunidad y el material crudo para el aprendizaje cotidiano. Todo lo que nos obligue a ser principiantes es esencial para crecer. La mentalidad de principiante es una herramienta poderosa que nos enseña a ser humildes.

Los *amateurs* de cualquier disciplina que tengan mentalidad de principiantes avanzan en sus estudios, prácticas o proyectos porque les encanta lo que hacen. Así de simple. Se trata de perseguir la belleza, la verdad, la emoción y el amor. De hecho, la voz latina *amator* significa 'amante'. Los amateurs estamos a nuestras anchas en el tumulto, el caos y la humildad del principiante. Aprender, fracasar, practicar, esforzarse, cuestionarse, todo ello para aprender la enseñanza.

Según el maestro zen Shunryu Suzuki, «la mente del principiante está llena de posibilidades. La del experto contiene menos». Para mí, caminar es cultivar el espíritu del amateur y desarrollar la mentalidad de principiante. Avanzar paso a paso, desprenderse de las obligaciones, no aferrarse a lo que sabemos, vivir a tope el momento, olvidar el sentido común, no prestar oídos al temor al fracaso ni a la emoción del éxito, no atender a las preguntas sino a las respuestas, estar abiertos a lo que nos salga al paso. Moverse y aprender con asombro, con independencia del éxito, del tiempo, del estado de ánimo, de los logros y de la destreza. Estos son los dones del principiante. La caminata de la mañana es una oportunidad de empezar de nuevo cada día.

Cuando tenía veinte años me dijeron que la mejor manera de predecir el futuro era crearlo. Nunca tuve muy claro qué significaba aquella frase y tampoco estoy muy segura de saberlo ahora. Lo que sí sé es que la caminata de la mañana me ayuda a ser sincera conmigo misma en cuanto a cómo me gustaría que fuera el futuro. Crear un hábito es algo tan común que ni siquiera lo pensamos. Ese aspecto común permite a la mente explorar el momento y aprender con humildad. No tengo dónde ir, ni dónde estar ni tengo expectativas de obtener resultados. La enseñanza no es caminar sino haber caminado. El cuerpo transporta información y las respuestas a nuestro día a día están en nuestro interior. Caminar las despierta. A veces el mundo nos habla con voz tan alta que no lo oímos. A veces estamos tan convencidos de la verdad de las historias que tenemos en la cabeza que no nos creemos lo que llevamos dentro. La humildad de la mentalidad del principiante es la llave para abrirnos a las posibilidades de la vida interior.

Los maestros de meditación dicen que la práctica se realiza sentados, caminado, de pie o tumbados. La caminata de la mañana es meditación, es compromiso con la vida interior. Es una práctica en la que habitamos el espacio, escuchamos, observamos y por fin encontramos nuestra historia. La caminata de la mañana va más allá de los elementos físicos y transaccionales del andar. No importa a dónde vamos, solo importa aprender algo por el camino, no existe un destino al que llegar. La idea de no ir a ninguna parte y sin embargo haber viajado va ligada a la caminata de la mañana. Quizá creamos que la práctica nos conduce a alguna parte, pero en realidad se trata solo del momento presente, uno detrás de otro. Cada uno decide qué sendero, cuánto tiempo y a dónde le lleva la caminata.

Por último, la caminata de la mañana es una cuestión de amor. Amor por el planeta. Amor por la curva del camino. Amor por la capacidad de tener éxito. Amor por cruzarse con amigos. Amor por la humedad despiadada. Amor por los pies fríos. Amor por el tiempo pasado en compañía. Amor por la soledad. Amor por la bebida caliente al llegar. Amor por la capacidad de movernos. Amor por la oportunidad de pensar y ser. La caminata de la mañana es una cuestión de amor. Punto final.

Ahora me levantaré y me pondré en marcha.

William Butler Yeats

Mantra del camino

Que al caminar encuentres felicidad,
que al caminar encuentres gozo,
que al caminar encuentres energía,
que al caminar encuentres respuestas,
que al caminar encuentres un mundo radiante,
que al caminar encuentres el aquí y ahora,
que al caminar encuentres la paz,
que al caminar encuentres el coraje,
que al caminar encuentres el amor.

Preguntas frecuentes

Estas son algunas de las preguntas que me hacen con bastante frecuencia, por lo que pensé que sería útil compartirlas.

¿Cuántos kilómetros recorres en una caminata de la mañana?
Entre 13 y 16, pero la distancia no es lo que cuenta.

¿A qué hora sueles caminar?
Suelo salir de casa a eso de las 5 a. m.

¿A qué hora te acuestas si sales tan temprano?
Sobre las 8-9 p. m. (Sé que este horario no le viene bien a todo el mundo).

¿Alguna vez tienes miedo de caminar sola en la oscuridad?
No. Sin embargo, recomiendo tener siempre a alguien al tanto de la ruta y llevar un silbato o algún otro dispositivo de alarma.

¿Prefieres caminar sola o en compañía?
La mayoría de los días necesito caminar sola, pero me encanta la compañía. Durante la pandemia ha sido mi principal forma de socialización.

¿Qué parte del equipo te parece más importante?

La linterna de cabeza y un buen par de zapatos.

¿Cómo decides la ruta?

No hay ni lógica ni ciencia. Es más bien cuestión de serendipia y un buen pellizco de conveniencia.

¿Por qué empezaste cuando lo hiciste? ¿Te fijaste un objetivo específico hace una década o sencillamente te lanzaste a caminar?

Mi objetivo era muy sencillo: pasar más tiempo al aire libre. Me di cuenta de que es donde era más feliz, así que necesitaba integrarlo en mi jornada. Ha evolucionado hasta convertirse en parte esencial de mi vida.

¿Sueles caminar descalza?

A veces (ver capítulo 3). Me he dado cuenta de la importancia de cuidar los pies. Caminar descalza forma parte de ese cuidado.

¿Cuál es el secreto de tu perseverancia?

Con el tiempo se ha ido haciendo cada vez más fácil. Toda caminata es buena. Todo va mejor después de caminar.

¿Qué te gusta escuchar?

Música, podcasts y audiolibros la mitad de la caminata. La otra mitad la dedico al trabajo interior.

¿A qué velocidad sueles caminar?

No llevo la cuenta, pero suelo recorrer unos 13 kilómetros en dos horas.

¿Cuál es tu marca favorita de calzado?

Uso Bondis Hoka One One (no es publicidad, esta pregunta me la hacen de verdad), y tengo un par para el invierno, media talla mayor, para poder ponerme dos calcetines en cada pie.

¿Llevas cámara?
No, uso la del móvil.

¿Practicas algún otro ejercicio?
Para empezar, no considero que la caminata de la mañana sea ejercicio, aunque de vez en cuando corro un poco porque me encanta sentir cómo aumenta el ritmo cardiaco. Por lo demás, a veces me subo un rato a la máquina de remar. Practiqué el remo de competición durante muchos años, así que la máquina es un fantástico recordatorio de cuando estaba en forma.

¿Qué importancia tiene la hora del día?
Para mí la primera hora de la mañana es el momento más fructífero del día. Me gusta estar presente cuando el mundo despierta. Empezar el día con unas horas al aire libre en las que me siento en casa se ha convertido en una manera fundamental de cuidar de mí misma. Pero la caminata de la mañana se puede hacer por la tarde o por la noche. Es cuestión de actitud.

¿Hay una estación del año en la que te guste más caminar?
El otoño. Me encanta la brisa cálida, no hay humedad y todo está maduro. Los tomates, los acianos... El otoño es como un abrazo.

¿Cuánto frío tiene que hacer para que no salgas?
Siempre salgo. Con el tiempo he encontrado la ropa adecuada. Superar la resistencia es parte de la práctica.

¿Cómo te sentirías si te quedaras un día en casa? ¿Sentirse invencible es parte de la práctica?

Nunca me he perdido un día, así que no lo sé. Desde luego, ha habido caminatas muy breves, alrededor de la manzana, por ejemplo, si he estado enferma. No creo que sentirse invencible sea parte de la práctica. Es más bien que mi energía me impele a salir. Recorrer una ruta habitual nos hace tocar tierra.

¿Cuáles son las tres cosas más importantes que te ha enseñado cultivar y mantener un hábito?

1. Comprometerme conmigo misma y mantener el compromiso es la esencia del amor.
2. Los hábitos significativos no se asientan de golpe sino paso a paso.
3. Los hábitos son poderosos porque crean patrones neuronales.

¿Alguna vez sales a caminar sin el móvil?

Siempre lo llevo porque todos los días saco una foto como diario visual y como acto de responsabilidad. Además, también es útil desde el punto de vista de la seguridad.

¿Cómo se te ocurrió el nombre de tu cuenta de Instagram @parkhere?

Park es mi segundo nombre.

¿Comes algo antes de salir a caminar o llevas algo de comida?

No suelo comer nada, pero solo porque salgo muy temprano. Cuando llego a casa, lo primero que hago es prepararme una taza de té.

¿Qué haces cuando no estás en casa?

Lo primero que hago al llegar a algún sitio nuevo es buscar una ruta para caminar. Uso una aplicación llamada AllTrails (también me gusta iNaturalist cuando quiero identificar una planta, un pájaro o un insecto. Con esta aplicación puedes ponerte en contacto con los naturalistas).

¿Cuál ha sido tu caminata más larga?

Tres días. 40 kilómetros al día. Era para recaudar fondos para la investigación del cáncer de mama. Comenzamos en Framingham (MA) y terminamos en Boston.

¿Haces la misma ruta todos los días?

Tengo alrededor de una docena de rutas habituales. Me gusta la repetición porque me da sensación de seguridad y familiaridad.

¿Cuál es el beneficio que más te ha sorprendido de caminar?

La manera en que despertarse y poner en marcha la energía de inmediato afecta a toda la jornada.

¿Trazas un objetivo específico para cada caminata?

Lo intento, pero hay días en que todo se reduce a eliminar el mal humor o a resolver una cuestión creativa caminando.

¿Cuál es tu caminata de la mañana favorita?

La del amanecer del día de Año Nuevo. Es un momento de claridad y optimismo.

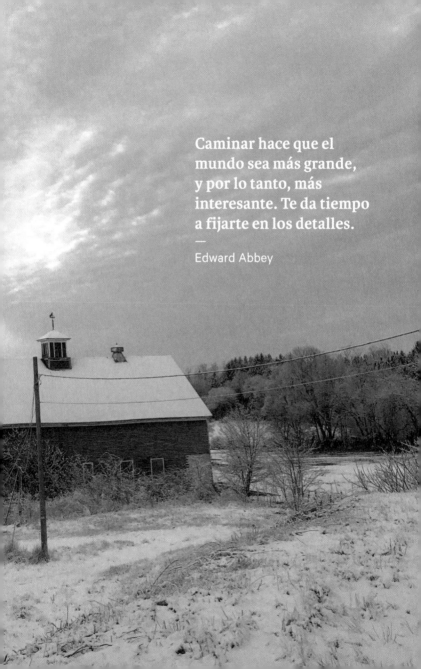

Caminar hace que el mundo sea más grande, y por lo tanto, más interesante. Te da tiempo a fijarte en los detalles.
—

Edward Abbey

Recursos

Artículos

An 'Awe Walk' Might Do Wonders for Your Well-Being
—Gretchen Reynolds, *New York Times*, 2020

Give Your Ideas Some Legs
—Marily Oppezzo y Daniel L. Schwartz,

Journal of Experimental Psychology, 2014, apa.org
How Walking in Nature Changes the Brain
—Gretchen Reynolds, *New York Times*, 2015

One Foot in Front of the Other: How a Daily Walk Helps Us Cope
—*New York Times*, 2020

Science's Newest Miracle Drug is Free
—Aaron Reuben, revista *Outside*, 2019

Stepping Up Your Creativity
—BrainWorld, 2020

The Extraordinary Power of Going for a Walk
—Gloria Liu, revista *Outside*, 2020

The Science of Why You Do Your Best Thinking While Walking
—Jessica Stillman, revista *Inc.*

Walking and the Happy Brain
—Katie Arnold, revista *Outside*, 2017

Walking as Creative Fuel
—Maria Popova, *Brain Pickings*

Walk Like a Buddha
—Revista *Tricycle*, 2011

Why Long Walks Will Change Your Life
—Harry J. Stead, *Human Parts*, 2020

Why Walking Helps Us Think
—Ferris Jabr, *The New Yorker*, 2014

Why We Walk
—Maria Popova, *Brain Pickings*

Libros

In Praise of Walking —Shane O'Mara

Wanderlust —Rebecca Solnit

Podcasts

GirlTrek Uses Black Women's History to Encourage Walking as a Healing Tradition
—Morning Edition, NPR, 2020

Why We Walk: The Bliss of Living One Step at a Time
—On Point, wbur, NPR

RECURSOS

Sobre la autora

Libby DeLana es una galardonada directora creativa, diseñadora y directora de arte, que ha desarrollado su carrera en el mundo de la publicidad. Fue directora de diseño de MullenLowe durante 15 años y cofundó la agencia Mechanica. El trabajo de Libby ha sido reconocido en los premios The One Show (EE. UU.), Cannes Lions, y en publicaciones como *D&AD*, *Fast Company*, *Graphis* y *Communication Arts*. Ha sido entrevistada por la serie *The Chain* de BBC Radio 4 y en varios podcasts.

Libby está muy comprometida con las organizaciones impulsadas por un propósito y actualmente forma parte de las juntas directivas de BlinkNow y del Jeanne Geiger Crisis Center, y es asesora de It's August, una marca que reimagina y redefine la experiencia de la menstruación.

Es una defensora del liderazgo femenino, aspirante a piloto, novata en la pesca con mosca, fanática de una taza de té fuerte y madre de dos hombres altos, inteligentes y amables. *Camina* es su primer libro publicado.

Puedes conectarte con Libby en Instagram @parkhere #thismorningwalk y en libbydelana.com o thismorningwalk.com

Agradecimientos

A mis colegas de camino:

Miranda, Claire, David, Orren, Will, Marta, Anna, Wanda, Hayley, Adam, Kourtney, Cheryl R., Faith, Gabriella, Gary, Charley, Patty, Cheryl S., Lauren, Karen, Maggie, Jeremy, Roda, Eric, Justin, Liz, Jen, Beth, Will, Nicole, Becky, Arabella, Kelsey, Kimberly, Becca, Eduardo, Steve L., Alfred, Elaine, Stephanie, Ellen, Cath, Wendy, Kai, Lacy, Amy, Janis, Ann, Paul, Eliza, Savannah, MaryJo, Syb, John, Sue, Tina, Patricia, Molly, Dominic, Marilyn, Gillian, John, Abbie, Lisa, Duke, Lee, Louisa, Dell, Zascha, Jessica, Alice, Kate, Charlotte.

Libros en esta colección

Pausa
Robert Poynton

Storytelling
Bobette Buster

Diseña
Alan Moore

Respira
Michael Townsend Williams

Tierra
Tamsin Omond

Vuela
Gavin Strange

Propósito
David Hieatt

Construye valor
Alan Moore

Camina
Libby DeLana